宝物をくれた人たち Vol.2 ―第8・ピアノのあいまに

Shinobu Yamada
Pianiste, Directrice
d'Ecole Supérieure De Musique Du Kansai

Essais: A ceux qui m'ont légué un trésor:No. 2
— "Quand je quite un peu mon piano" No. VIII —

Juin 2014
Edition: Géijutsu Géndai Sha (Tokyo, Japon)

著者近影（撮影　早苗順一）

宝物をくれた人たち Vol.2—第8・ピアノのあいまに

目次

装画　カバー表　南仏風景（太陽、海）
　　　　　　裏　パリのカフェ
　　　山田　忍・画

まえがきに代えて　―　〈虎〉の娘から皆さまへ

この度は、山田　忍著『宝物をくれた人たち　Vol.2』をお手にとっていただき、ありがとうございます。

彼女が同タイトルの一巻を上梓してから五年、今回、著作全体としては八番目の作品となる本書を世に出すことになりました。本人が〈著者あとがき〉で述べておりますように、本書は一巻目と同様に、これまで彼女が様々なかたちでかけがえのない御縁をいただいた方々について、彼女の眼を通して見えたそれぞれの人物像を活写したエッセイ集です。今回は三十二名の方々にご登場いただきました。執筆および刊行にあたり、それぞれの御親族、関係者の方々から温かい御理解と御協力を賜りましたことに、この場を借りて、心から御礼申し上げます。

著者である山田　忍のプロフィールについては、第一巻の〈まえがき〉にて、末次攝《すえつぐせつ》子《こ》女史が軽妙かつ的確にまとめて下さっていますので、本書の〈まえがき〉は、私事になりますが、娘の眼から見た〈わが母　山田　忍〉について一言書かせていただくことにいたします。理由は二つあって、一つは、現在この〈まえがき〉の締切が突如目前に迫り、練りに練ったフォーマルな〈まえがき〉を書く時間が許されていないためです。これは決して私が怠けていたわけではなく、目下極めてスムーズに運んでいる出版準備に気をよくした著者が、持ち前のせっかちな性分を全開にして、少しでも早く作業を進めてしまいたいがために、

「〈まえがき〉、今日中に書いてね。明日、他の原稿と一緒に全部まとめて出版社へ送るから。もう約束してしもたから」と言ったためです。もう一つの理由は、〈身内の眼から見た山田　忍〉の小文が、皆さまがこのエッセイ集をより楽しんでいただく一助になれば、と思うからです。

かつて、英語で〈生みの母〉を"biological mother"（生物学的な意味での母親）という身も蓋もない表現で言うことがある、というのを知ったのは、かのスティーブ・ジョブス氏のスピーチを通してでしたが、これに倣えば、山田　忍は私にとって"biological mother"であると同時に"the Tiger"（虎）でもあります。

話がいきなり飛躍しましたが、この〈虎〉とは、二〇一三年にアカデミー賞最多四部門を受賞した映画『ライフ・オブ・パイ―トラと漂流した二二七日』*(Life of Pie)* に登場するベンガルトラのことです。今年の正月に、ＷＯＷＯＷの放送で、多様な解釈を可能にする神秘的な深みと奥行きを備えたストーリーを持つ、ファンタスティックな映像美に満ちたこの逸品を見る機会を得た私は、作品内容に深い感動を覚えると共に、この中に登場する虎ほど、我が母の本質を語るに適切なイメージはないと確信しました。

主人公の少年は、海難事故により、虎と一年近く大洋を小さなボートで漂流することになるのですが、一人と一頭が共に困難を乗りきるうちに種の違いを超えて無二の親友になる、これはそんな甘やかなストーリーではありません。虎はあくまで野性を漲らせ、少年と虎は常に、互いが互いを〈倒すか倒されるか〉の緊張状態を保ちます。けれども、全てが終わった後に、生き延びて大人になった少年は当時を振り返って、この虎のことを“my fierce companion, the terrible one who kept me alive”（生きる力を与えてくれた、獰猛で恐ろしい相棒）と回顧するのです。

野生動物のような鋭敏な感覚、ともすればこちらが食われてしまうのではないかと恐れさえ感じさせる影響力と存在感、漲る生命力。我が母山田　忍は、私にとって、まさに“my fierce companion, the terrible one who kept me alive”であり続けてきました。一流の芸術、本物の美に対する嗅覚。自らの〈芸道〉における妥協を許さない姿勢。仕事だけでなく普段の生活においても、常に自分の中での〈ベスト、最高〉を追求し、相手にも同じ姿勢を求めてやまない。母は、私にとって、生き方の指針を与えてくれると同時に、妥協して生ぬるく生きることを許さない刃のような存在でもあります。この母でなかったら、怠け者の私は早くから、〈これくらいでいいや〉と、自分の限界に挑むことなく〈そこそこ〉のところで生き止《とど》まることになったでしょう。

本書には、鋭い感性と溢れる生命力、自他に対する激しい情熱を持つ〈虎〉であるからこそ受け取れたギフト、〈宝物〉の数々が満載されています。年齢、性別、職業などという表面的なレッテルに全く左右されることなく、野生動物のような嗅覚で人の〈器《うつわ》〉を見抜く彼女が出会った三十二名の方々の中には、この〈虎〉が猫に見えてしまうほど、遥かなスケールの生き方、大きな仕事をなさった方も沢山見られます。

思えば、人から人へ〈宝物〉をもらいにくい世の中になりました。〈絆《きずな》〉などという、耳当たりのいい言葉のもと、うわべだけのフレンドリーなやりとりはあっても、一触即発、魂と魂の本気の交錯から生まれる〈宝物〉は、今の時代にはあまりに激しすぎ、疲れてしまう人が多いかもしれません。野生生物同士の噛み合い、睦み合いのような、本気のエナジーの放出、偽物を許さない交わりは、ペットの犬や猫がおしなべて去勢避妊を施され、肉や野菜はパック詰めのものしか見当たらない現代社会では、もはや一種のタブーになっているといっても過言ではないかもしれません。けれども、本書を読まれる皆さまは、ここに書かれた様々なエピソードの数々に、本気で生を全うした人の力強く、高貴な姿を、〈虎〉の眼差しを通してご覧になられ、静かな感動を覚えられると信じたく思います。

〈虎〉との旅は、続いています。結婚以来、夫の理解と協力のもと、私は週二回、仕事の傍ら、彼女の事業と家事の手伝いをしに、東住吉区山坂の家へ通います（すぐれた直観とユーモアの持ち主である夫は、これを件の映画での、主人公がメイン・ボートとサブ・ボートを行き来することに例えます）。

〈虎〉から、私は〈宝物〉をもらい続けています。

Tyger Tyger, burning bright,
In the forests of the night;
What immortal hand or eye,
Could frame thy fearful symmetry

— *William Blake*

二〇一四年　三月吉日　洋上の〈ボート〉を行き来しながら

山田　良

作曲家　クロード・ドビュッシー
―思い出の中に甦る私のドビュッシー

大学時代は主にドイツ・ロマン派の作品を勉強していた。それでも、卒業演奏会には、ドビュッシーの練習曲から「アルペジォのために」をプログラムに入れている。

卒業後、エコール・ノルマル・ド・ミュジック・ド・パリで、敬愛するコルトー先生に師事。何度か授業を受ける間に、「あなたはフランス近代の作品に向いているネ」と言われ、もともとフランス文学、絵画や彫刻に関心があったことから、ドビュッシー、ラヴェル、サティやプーランクなどの作品に親しみをもって取り組んだ。

また、全くひょんなことから、フォーレの主治医ジェス博士、作曲家J・イベールの奥様のロゼットさん、プーランクの姪のセランジュ夫人などと知遇を得た。さらには、あろうことか、フランス歌曲の大家、古沢淑子《ふるさわよしこ》女史の伴奏を引き受けることになり、まさに「のめり込むように」近代フランス音楽の世界に浸りきることになった。

二十世紀初頭に、絵画と文学の両方面に多大な影響を与えた「印象主義」は、音楽にも及んだ。音楽におけるその指導者的存在が、クロード・アシル・ドビュッシーだと思う。

いつか、よく協演したサキソフォニストのダニエル・ディファイエ氏が、「ドビュッシーの生家を見たいかい？」と言って、パリ郊外のサンジェルマン・アン・レイにある生家に案内してくれたことがあった。キャフェやパン屋が軒を連ねた、パリ郊外ならどこにでもある建物だった。

壮年のクロード・ドビュッシー（芸術現代社提供）

ドビュッシーが音楽の道に進めるよう、彼の両親を説得したのは、詩人ヴェルレーヌの義母モテ・ド・フルールヴェイユ夫人であり、ドビュッシーは十一歳でパリ音楽院に入学を許可されているから、素晴らしい才能の持ち主であったのだろう。

彼は成人してからも、背は低く太り気味、筋肉もたるみ、顔色は青白く、物憂げで神経質、人前で指揮したり演奏することを嫌ったという。知らない人と付き合うより猫を好み、いつもシャム猫と一緒だったという。分裂気質で、性格も複雑で、うちとけない人。私生活はひそやかで、煙草をたてつづけに吸い、皮肉屋で友人も少なく、その中でフランス近代作曲家の第一人者といわれたE・サティと詩人のP．ルイスが数少ない親友だったそうだ。

しかし、こんな世間づきあいの悪い彼だが、付き合った女性は沢山いる。十年間も同棲したガブリエル・デュポンという素性の知れない女性。結婚はしたが、長続きしなかったロザリー・テクシエ。ロザリーを捨て、人妻エンマ・バルダックのもとに走り、ロザリーを自殺に追い込み、しかも人妻であるエンマと結婚。エンマは夫と離婚しないうちにドビュッシーのこどもを生む。ピアノ組曲「子供の領分」は、このシュシュという女の子のために書いている。その間にも、彫刻家カミーユ・クローデルと恋に落ちる。彼女の弟は外交官で作家でもあるポール・クローデル。ちなみに、京都にある「アンスティ

ドビュッシー生誕100年記念京響特別演奏会　1962年9月20日、大阪サンケイホール「ピアノとオーケストラのための幻想曲」（本邦初演）　指揮：ハンス・ヨアヒム・カウフマン、ピアノ：山田忍（著者提供）

チュ・フランセ関西」は、設立後既に八十五年経つが、ポールが駐日大使であった頃、関西財界の重鎮、稲畑勝太郎氏らと共に建設したものである。カミーユの手によるポール・クローデルの胸像も所蔵するこの建物を、しばしば訪れる私は、〈ドビュッシーとカミーユも、少しはこの建物のどこかと縁があるのかもしれない〉と思ったりする。

こんな風采の上がらぬ醜男《ぶおとこ》で気難しい、食わず嫌いの人だが、彼の書いた作品は好きである。

初期の「ベルガマスク組曲」また「ピアノのために」「版画」や「影像」「子

供の領分」など、親しみやすいが、私が特に好きなのは、前奏曲集や「十二のエチュード」である。また、微力ながら日本での彼の作品の啓蒙をはかるべく、生誕百年の折に「ピアノとオーケストラのための幻想曲」を本邦初演したこともある。

いつか、コルトー先生のレッスンで、前奏曲集の「沈める寺」を持っていったとき、最初から最後までじっと聴いて下さって、

「うーん。一度、ノルマンディにでも行って、いい空気を吸っていらっしゃい」とおっしゃった。私は友人に車を出してもらって、ノルマンディへ行った。そこで見たもの。それは、かの有名な、海に浮かぶ聖ミッシェル修道院。満ち潮になると、寺院が海面すれすれまで沈む。そこで私は分かった。右手の大きな和音は沈みゆく大寺院。左手の分散和音は海の波のうねりを表す。自分で勝手にそう解釈した。海に浮かぶ寺院を見た時、突如としてピリッと何かが閃き、「沈める寺」は一枚の絵となった。後日のレッスンでこれを弾いた時、コルトー先生はポンと膝を打って、

「シノブ、これだ!トレ・ビアン。君はどこでこのインスピレーションを掴んだのかね?」

「先生。ノルマンディのモン・サン・ミッシェルです!」

「なるほどね」と、微笑みながら抱擁してくださった。ドビュッシーやコルトー先生と同

じ閃きを感じとったのかもしれない、と私はこの時、溢れんばかりの嬉しさにうち震えた。

　古沢淑子女史の伴奏を何回かやっている間に、私はこの方からフランス近代音楽について、実に色々と教わった。フォーレ、デュパルクなど、多くの作品を手がけたが、中でもドビュッシーの歌曲が多かった。ある時、彼女は
「次のリサイタルで、ドビュッシーの〈叙情的散文(Proses Lyriques)〉を歌いたいの。歌詞もドビュッシー自身が書いてるのよ。伴奏は、かなりむずかしいワ。合わせるのが大変だから、今まであまりステージに上げなかったの」

　ドビュッシーの歌曲はどれもピアノが難しいが、たしかにこの「叙情的散文」は4曲とも難しかった。「みやびやかな宴」「ビリチスの歌」「ステファーヌ・マラルメの三つの詩」など、数々の歌曲の伴奏のうちでは、技術的にも音楽的にも一番苦労したのが、この曲集だった。演奏が終わって拍手のうちに楽屋に戻るなり、

「忍さん、よく弾いてくれたわね」と抱きしめ、熱い抱擁を交わした時の感激は忘れることができない。

　コルトー先生も古沢淑子女史も、「フランス印象派の音楽は、音を絵に描かないといけない」とおっしゃっていたが、ドビュッシーの作品を聴いたり弾いたりするときに、今

更のようにこの表現が心にしみる。

参考文献

Jean Barraqué. *Debussy*. (Editions du Seuil, 1962).
アントワヌ・ゴレア　店村新次　訳『ドビュッシー』（音楽之友社、1970）Antoine Goléa. Claude Debussy.
五島雄一郎　『死因を辿る―大作曲家たちの精神病理のカルテ』（講談社、１９９５）
Marguerite Long. *Au Piano avec Claude Debussy*. (René Julliard, 1960).

関西ピアノ専門音楽学校　教務主任、英語担当講師

―語学の達人が遺したもの

北村《きたむら》　忠治《ちゅうじ》

一九七三年から二十年あまり、本校で英語・英会話の授業を担当し、教務主任を務めて下さった方が北村忠治先生である。

若いころは一流企業に勤め、英語圏の人たちも驚くほどの、その語学力を認められ、海外滞在の生活がほとんどを占め、「苦労もあったが楽しかった」と、話しておられた。

朴訥で、いつも穏やか。急《せ》きも慌てもせず鷹揚な人柄であったが、物事のけじめははっきりしていて、約束ごとはきちんと守り、常に真面目で見上げた紳士である。

私たちはことあるごとに芸術と語学についてよく話が弾み、意気投合することが多かった。

北村忠治先生授業風景（右端）。関西ピアノ専門音楽学校機関誌創立25周年記念特集号より。1992年。（著者提供）

彼の言うには

「ヨーロッパでは何ヶ国語も理解できる人たちが多いですよね。陸続きということもあるでしょうが、日本人は外国語がとんと駄目ですなあ。やはり島国のせいですかなあー」

そこで私。

「そのダメな日本人が、私たち、外国語の注釈がいっぱい載った楽譜を前にして西洋音楽に取り組もうっていうんですのよ」

彼は

「私はこの学校で学生たちに英語を教えて、はじめて語学が如何に音楽をする人たちにとって重要なことであるかがわかってきましたよ。自分の意志を他人に伝えるとき、これが言語であることが大半を占めますが、音や色である時もあり、表現手段は音楽も語学も並行して勉強しなければいけないわけですね。芸術分野に携わる人は、特に外国語を多方面にわたって駆使できることが必要ですな」と仰っていた。

こういう発想の方だったから、英語のできる学生には、ことのほか目をかけて可愛がっておられた。

飛び抜けてピアノがうまくない学生でも、語学に熱心な学生を見ると、

「あの人は、いつかきっと大物《おおもの》になりますよ」と言っておられたが、ある学生は卒業後、一流の演奏家にはなれなかったが、通訳の仕事を得て、この業界で〈ピアノもかなり弾けるらしい〉という噂が広まり、この業種の会合で何度か演奏するチャンスもあり、脚光を浴びてこの世界では成功している。彼女にとってのピアノは、古くから言われる〈芸は身を助ける〉ということになったのである。

一方で、北村先生は、非常に謹直な方だから、学生が無断欠席したり、遅刻しようものならもってのほかで、心底、腹立たしく思っておられた。

「こういう人は、人間として大成できませんなあ。日常の最低限の約束も守れないで、〈高度な芸術の勉強〉なんてできるもんでしょうかな?」と、その怒りを私に向けて発散

させておられたようだ。

「本当にそうですね。仰るとおりです」

「まあ、こういう人は何を言っても通じないから、放っておきましょう」

「まあ！　それでは困ります。学校という場所には規律っていうものがあるのですから、そういうわけにもいかないでしょう？　先生も教務主任として注意して下さるようお願いします」と私。

烈火のごとく怒った彼も、もともとは柔和な性格の方だから、

「そうですね。できるだけ注意しましょう」と言って下さった。

人を見る眼が確かな方だったから、一度注意してもダメな者には無視を決め込んでおられたようだ。この時、私は、他人から見放された人間は向上することもなく淋しいものになるなと思った。

彼は年老いて学校を去っていくとき、

「私はこの学校で英語を教えたということにとても誇りを持っています。少人数制ということもあり、一人一人にきめ細かく接することができて、とても良かったです」と言ってくれた。

25　関西ピアノ専門音楽学校　教務主任、英語担当講師　北村　忠治

若い人たちとの出会いは、子供のいなかった彼にとっては、何よりの楽しみ、慰め、期待を与えるものであったのかもしれない。

学校を辞めてから二年ほどして、彼の人柄のように、穏やかな死を迎えられた、ということを聞いた。

いつも〈語学は、音楽を勉強する人にとっては最も大切な要素〉と、強調しておられた北村先生。

彼のこの遺志は、今後も語学の先生方に引き継いでもらいたいと思っている。

カナダ・サン・モリス大学　学長　シスター・マリー・ド・シオン
―〈聖女〉からもらった貴重な〈手形〉

私がフランス留学から帰国したのが一九五九年、学校を創立したのが一九六八年。この間十年近く、コルトー先生が創立された、パリのエコール・ノルマル音楽院のような、音楽一筋に勉強できる学校をこの大阪で設立できたら、というのが私の願いだった。

帰国後も、フランス語を忘れないために、フランス語を話すカナダ人のカトリック・シスターと交流を続けていた。

このシスターが所属する修道会は、世界十八か国にあり、教育活動をメインとしている。ヨーロッパはじめ、アメリカ、カナダの支部には実績を誇る有名な大学がある。ある時、日本支部のシスターが

シスター・マリー・ド・シオン。カナダ・モントリオール・サン・モリス大学にて。1963 年。(著者提供)

「忍サン、私たちの修道会がアメリカやカナダで経営する大学の、音楽学部で演奏会をやってくれたら嬉しいわ」と仰った。行動派の私は喜んでこれを引き受け、一か月をかけてアメリカ西海岸から東海岸、それにカナダのケベック州と、演奏ツアーに出かけた。

アメリカはさておき、カナダ・モントリオール郊外にある大学、サン・モリス大学は、キャンパス内も車で移動するほどの広大さにびっくり。

この大学の総長、シスター・マリー・ド・シオンにお目にかかったとき、その第一印象は「この世の人ではなかった」。動作も話し方も落ち着いてゆっくり、カトリックの御絵《ごえ》に登場する聖女の如きであった。近寄りがたいほどの崇高な雰囲気。しばし、私は彼女の前に立ちすくんで、その高貴な佇まいに圧倒された。

サン・モリス大学での何回かの演奏会を終えてお別れするとき、

「あなたはフランスにあるような、高度な専門教育を授ける音楽学校を設立したいそうですね。とてもいいことです。私にお手伝いできることがあったら、なんでも言って下さい。例えば、あなたのこれから創立する学校と、このサン・モリス大学音楽学部とが姉妹校として提携できたらすばらしいとは思いませんか？」

私は彼女の言っていることが、まるで夢の中のようなことで、実際にそんなことが可能なのかしらと、半信半疑で聞いていた。

大学の傍らを流れる豊かなヤマスカ川のほとりで、私たちはしばしば将来の夢を語り合った。一九六三年のことである。それから五年経って、私はエコール・ノルマル・ド・ミュージック・ド・パリを範とした学校を設立した。

「シスター・マリー・ド・シオン様。ついに学校を創りました。お力を貸して下さい」と、手紙を差し上げた。

その返事が、封書で来た。

「サン・モリス大学と関西ピアノ専門音楽学校は、ここに姉妹校として提携する」大学名と共に、総長である彼女のサイン。私のサインを加えて、一旦送り返してほしい、と書いてある。彼女は、最初の約束を果たしてくれたのである。

その時以来、本校の在学生たちは猛烈に勉強して、サン・モリス大学から指示された課題曲をカセットテープに吹き込み、これを総長、音楽部長に送って指導を受けるということを続けた。結果、学生たちは、日本に居ながらにして、カナダ・サン・モリス大学のお墨付きの〈手形〉、すなわち学修証書を手にすることができたのである。

その頃、というと今から五十年近く前になるが、当時の学生たちは押しなべて前向きで活動的、将来に夢を託し、努力を惜しまない素晴らしい人たちが多かった。彼らは現在に至っても、学生時代に刻苦勉励して手にしたサン・モリス大学の学修証書を大切にしていて、これを持っていることを一つのプライドとして、今も勉強怠りなく、演奏家、そして音楽教師として活躍している。

今思えば、あの時〈姉妹校締結〉というアイデアを出して下さったシスター・マリー・ド・シオンは、先見の明のある人だったのだと思う。

「芸術をする人間は息長く、将来を見つめて励むのですよ」と仰っていたが、最近の若人たちの勉強の仕方をご覧になったら、どう思われるだろうか。

あれから五十年経った今、若者たちは、束の間の快楽と稼ぎに現を抜かし、腰を落ち着けて勉強するということをしない。アルバイトで得た収入で満足し、〈今をやり過ごす〉

ことばかり考え、長い目で物事を見ることは苦手なようだ。

私は時々、〈今は、他の国々の若い学生たちも同じようなものなのかも〉と思ったりする。そう思わないと、学校経営も指導も空しく感じられてしまうことが多すぎる。

シスター・マリー・ド・シオンはどう仰るだろう。あの落ち着いた物腰で、崇高な雰囲気の中で、静かに、自他に言い聞かせるように

「時代が変わったのですね。でも、芸術に対する精進や熱い思いは、どんな時代にも変わることなんてないのですよ」と、いくらか寂しげな、諦めたような表情をなさるかもしれない。私は今でも、彼女は俗世に生きる人だとは思っていない。それほど、浮世の塵芥からは程遠い、永遠の彼方の静謐に満ちた世界にいる方なのだ。

その深遠の彼方から、あの方の声がする。

「芸術に携わる人々は、根気よく、それに仕えなければなりません。芸術の学校という所は、一握りの真面目に取り組む人がいたら、その芽を育てるところなのですよ。息長く、情熱を注いで・・・素晴らしいことではありませんか・・・」と。

ピアニスト、パリ・エコール・ノルマル音楽院　校長
アルフレッド・コルトー

——響灘《ひびきなだ》によみがえるコルトー（孤留島）

二〇〇五年頃からフランス大使館文化部・広報部で、下関の響灘に浮かぶ無人島「厚島《あつしま》」のことが話題になり始めた。

別名「孤留島《コルトー》」。パリのエコール・ノルマル音楽学校の先生たちの間では、もっぱら「コルトーしま」と呼ばれている。

二〇〇八年は、日仏交流百五十周年の記念すべき年だから、この地で文化的なイベントをやろうではないか、というのである。この島とフランス文化の間に一体どんな関係

厚島（孤留島）＝画面中央（著者提供）

があるのか、ということについては、続きを読んでいただきたい。

二〇〇四年の夏、朝日新聞社下関支局の記者から私のもとへ電話取材があった。件《くだん》の島についてであった。

「その島のことなら、コルトー先生からもよくお話を聞きましたよ。とても気に入っておられて〈孤留島〉と彫られた二センチ角の印鑑を、手紙にサインをした横に、ポンポンと嬉しそうに捺していらっしゃいました。私が戴いたお手紙にも、ハンコの跡が鮮やかにくっきりと残っていますよ」と話した。

そして二〇一〇年一月に、この厚島とコルトー先生が結びついて、ついに川棚《かわたな》の地にコルトー・ホールが完成したのである。私は、同じコルトー門下の遠山慶子さんに「行ってみない?」と、声をかけたら
「スケジュールの都合もあるし、まだわからないわ。あなた、見てきてよ」ということで、私は一月十六日の竣工式レセプションの招待を受け、実際にこの建物を見てきた。
いや、ホール完成までの道のりは、本当に大変だっただろうと思う。

コルトー先生は一九五二年、朝日新聞社主催の演奏会のため来日され、複数の土地で演奏をされたが、この時山口県の宇部・下関でも演奏会をしておられる。
その時、宿泊した川棚の観光ホテルでの滞在中、ホテルから望む厚島に魅せられ、「なんと美しい!この島に永住できたらすばらしい」と思われた。そこで彼は当時の村長に厚島を買いたいと交渉。村長は「厚島に永久に住んで下さるなら、タダで差し上げましょう」と快諾したそうだ。村人たちは島の名前を「孤留島」としたらいい、と提案し、コルトー先生は大喜びで、「私の思いは、ひとりあの島に残るだろう」と言って、再び川棚に戻ってくることを約束

ピアニスト、パリ・エコール・ノルマル音楽院　校長
アルフレッド・コルトー

コルトー・ホール外観（著者提供）

されたという。

私がエコール・ノルマル音楽院に留学中、「日本には僕の島があるんだ！」と仰っていたのは、この厚島のことだったのである。晩年の先生は体調がすぐれず、浴室で転倒したり、だんだんと体力も弱っていかれた。そして、再び川棚を訪れることはなく、一九六二年に亡くなられた。

この島に関心を抱いた当時の校長、アンリ・ウジェル氏、フランス大使館、そして地元の下関市が日仏交流百五十周年に何か文化的な活動の拠点を望んだことが、今回のコルトー・ホール建設につながったのであろう。コルトー先生が滞在された観光ホ

35　ピアニスト、パリ・エコール・ノルマル音楽院　校長
アルフレッド・コルトー

テル跡地に、「下関市川棚温泉交流センター・川棚の杜《もり》」を設立、ホールと川棚の文化やアートを紹介し、楽しめるミューゼアムが隣接しあう施設ができた。

「川棚の杜」実現には、建設は市役所、運営は熱心な地元の人たちで構成される「コルトー音楽祭実行委員会」が担当となっている。

肝心の建物は、東京大学大学院教授の隈研吾氏が設計。彼は、「川棚には自然の強さに、時代を超越した本質的な強さを感じ取った。地域を支える文化施設でありながら、同時に鍾乳洞や山のような地形そのものであるような建築です。この場所で活動する人の記憶にいつまでも残り、今までにない文化の根が、ここから生えていくことを期待します」と仰っている。

たしかに自然は美しくおだやかで、静かで落ち着いたこんな場所で芸術に打ち込めたら最高であろう。

しかし、実に遠い！大阪から現地まで新幹線「のぞみ」を利用、途中ＪＲ新山口駅で「こだま」に乗り継ぎ、ＪＲ新下関駅まで約三十分、合わせて正味四時間の旅である。さらにＪＲ新下関駅か川棚温泉まで車で約四十分。川棚に着くまでに、既にくたびれ果てた。

この村に突如現れた隈研吾氏設計の超モダンな建物を、村の人たちはそれまで想像だにしなかったのではないだろうか。

ホール前の道路には、「コルトー通り」と簡素に書かれた表示が、道端の杭に打ちつけてある。

ホール付近では野良着にあねさん被りの手拭や毛糸の帽子をかぶったエプロン姿のオバサンたちが五、六人、

「ここ、何するところ？」

「さあ、知らん」

「わからんけど、中にピアノが置いてあるのが見える──」などと、ペチャクチャ喋り合っている。


安藤忠雄氏設計の建築物を連想させる、近代的なコンクリート打ちっぱなしの外観、ホール内部はダクトパイプが天井や壁に剥き出し。この百五十名収容可能な多目的ホールの音響はどうなのか、正直なところ、実際に演奏してみなければよくわからない。

しかし、川棚の人たちは、なんとしてもこの「下関市川棚温泉交流センター・川棚の杜」が成功するようにとすごい情熱を燃やしているのがひしひしと感じられる。私が宿泊したホテルの窓にも、
「右に島が見えます。フランスのピアニスト、コルトーが絶讃した厚島（孤留島）です」
というステッカーがペタペタと貼ってあった。

コルトー先生来日時から半世紀以上も過ぎて、彼が愛した厚島をはるかに臨む川棚の地に、コルトー・ホールと名付けられたコンサート・ホールが完成した。下関界隈で音楽をする若人たちが、意欲を燃やして勉強に励み、このホールで演奏会をやり、世界の音楽界にはばたいていけば、どんなに素晴らしいことだろう。

今後、この地が、海外も含めて全国から人が集まる所となればたいしたものである。

滋賀県彦根市に「ひこにゃん」が出現して、みんなから愛され、観光客が増え、当地の土産物店も繁盛しているらしい。

川棚も、ホール完成後、何年か経ったら「コルトーにゃん」ができ、「コルトー饅頭」や「コルトー煎餅」ができて賑わうかもしれない。

現に、かつて川棚温泉を愛して滞在した漂泊の俳人種田山頭火にちなんで、名物土産として〈山頭火〉という酒が飛ぶように売れ、駅でも街でも〈山頭火〉をぶら下げている人を少なからず見かけた。ちなみに私も買った。

三月にはフランスのピアニスト、パスカル・ロジェがこのホールでリサイタルをするという。

演奏家たちが

「是非、川棚のコルトー・ホールで演奏会をやりたい」と、ひきもきらずにこのホールを使うことになったら、彼岸の彼方で、コルトー先生は、きっと喜ばれるにちがいない。

39　ピアニスト、パリ・エコール・ノルマル音楽院　校長
アルフレッド・コルトー

ピアニスト、パリ・エコール・ノルマル音楽院　校長
アルフレッド・コルトー
―半世紀ぶりの便り

敬愛するアルフレッド・コルトー先生

お久しぶりでお手紙をさし上げます。二〇一二年一月に、エコール・ノルマル・ド・ミュージック・ド・パリの現校長アンリ・ウジェール氏から新年のカードが届きました。そこに、先生の御写真三葉と共に、アルフレッド・コルトー没後五十年と記されていて、私は懐かしさで本当に胸がしめつけられる思いでした。

「ルネ、ごらん。シノブから半世紀ぶりに便りが来たよ。彼女は八十歳近くなったらしいが、演奏活動はまだやっているらしい」

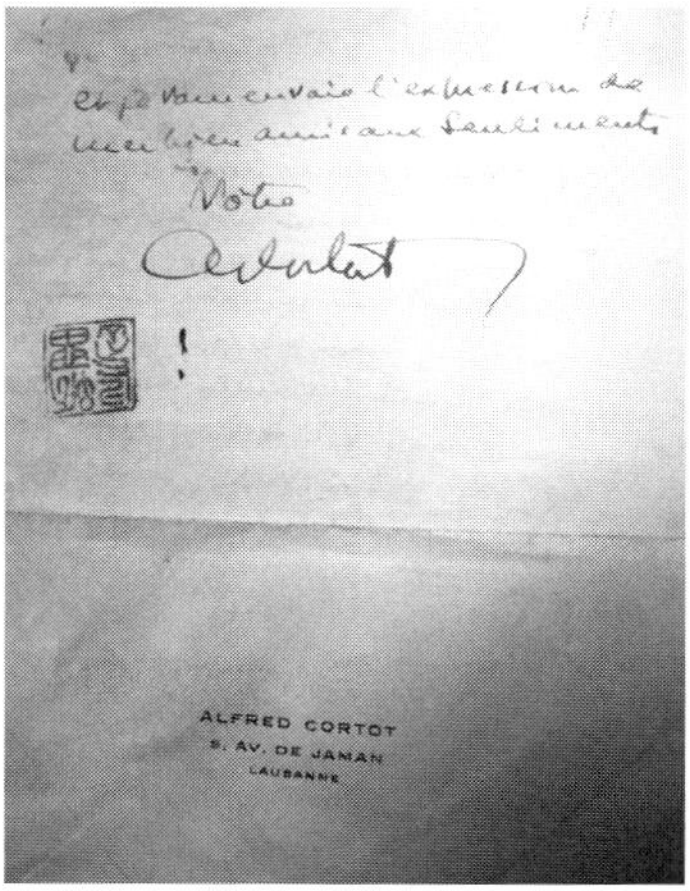

ローザンヌのお宅から届いた手紙の封筒。ローザンヌの住所が印字されている。赤い印は、漢字で「孤留島」（こるとう）となっている。（著者提供）

いつも仲睦まじく、先生の傍らに寄り添っていらした奥様のルネさんに語りかけていらっしゃる先生の様子が目に浮かびます。

思い起こせば、私が先生とお近づきになれたのも、私の拙い一通の手紙からでした。

先生が来日された一九五二年、高校生だった私は、大阪の朝日会館で初めて先生の演奏を聴き、身震いがするほど感動したのです。

「師事するならこの方に！」という私の思いは、大学卒業前に頂点に達し、あつかましくも怖いもの知らずで、辞書と首っ引きで、「パリの音楽学校でどうしても先生に師事したいのです。もし、受け入れて下さるならお返事を下さい」と手紙を出したのです。どうせダメだろうとあきらめかけていた頃に、「承知しました。パリへいらっしゃい。私が教えてあげましょう」と、思いがけずお返事がきました。先生の手紙を何度も読み、嬉

41　ピアニスト、パリ・エコール・ノルマル音楽院　校長
アルフレッド・コルトー

エコール・ノルマル・ド・ミュージック・ド・パリの校長室でのコルトー先生
1958年。(著者提供)

しさで心が打ち震えました。

先生の学校、エコール・ノルマル音楽院で、私は日本の大学での音楽への取り組み方とは全く異なった先生の指導方針に「目からうろこ」の思いでした。パリ十七区、モンソー公園に近い、こじんまりとした古い建物の中で、天鵞絨の上着のポケットに手を突っ込んだ先生と、曲がりくねった薄暗い廊下でよくお会いしましたね。そのポケットには、数多くのライターとパイプが入っていて、両側が膨らんでいました。

長い夏休み期間、ローザンヌの御屋敷にもレッスンに伺いました。いつか母が、「コルトー先生にさし上げて」と、手縫いの浴衣を送ってきた時、「どれどれ」と包みを

開け、「トレ、ジョリイ（とてもきれいだね）」と、この時も傍らのルネ夫人に仰って、袖に手を通されていましたね。ローザンヌの山手、ジャマン大通りにあったお邸は、夏場の夕方になると、レマン湖から吹き上げる風が涼しさを運んでいました。

「先生、夕方お寛ぎの時にお召しになって下さいね」

「うん、そうするよ」なんと懐かしい思い出なのでしょう！　先生からは、音楽についてはもちろんですが、音楽以外のもの、例えば文学や絵画など様々な芸術について教えていただいたことが、今の私の栄養となっています。

それにしても、あの時から半世紀を過ぎた今は、多くの人がパソコンで用を済ませ、手紙を書かなくなりました。

先生から最後にいただいた便りは、一九六〇年八月。いつもの達筆で筆力も強く、「先生はお元気なんだわ。まだまだ大丈夫」と思っていたのに、二年後の一九六二年、逝ってしまわれたのですね。数多くいただいた手紙の中には、日本の文字で「孤留島」と彫られた印鑑が、朱色も鮮やかに捺印されたものもあり、すべて私の宝物。額に入れた何通かの思い出の手紙をスタジオに置き、いつも先生のことを思い出しているのです。日本の女の子に、かかさずお便りを下さった先生のやさしさは、その音楽、演奏にも表れ、

43　ピアニスト、パリ・エコール・ノルマル音楽院　校長
アルフレッド・コルトー

私は終生、お手本にしたいと希っているのです。半世紀を過ぎても、先生は私の中でご健在です。突然の便りでびっくりされたことと思います。ごめんなさい。

敬愛するコルトー先生へ
万感の想いを込めて

忍（シノブ）

声楽家　河本《かわもと》　喜介《よしすけ》

―ガブリエル・フォーレに心酔した伝道者

一九八〇年代頃だったと思う。京都に住む友人の声楽家、平井三沙子《ひらいみさこ》さんが「今度、とても優秀な音楽家で、パリで勉強していて活躍していた声楽家、河本善介さんという人が帰国したの。フランス音楽のコンクール審査員には、うってつけの人だと思うのよ。どうかしら？」と言った。このコンクールは、二〇一四年現在まで続いている、日仏音楽協会＝関西主催の〈フランス音楽コンクール〉のことである。当時の審査員メンバーにも相談したが、みんな大賛成で、結果、彼は審査員になってくれることになった。

河本さんは、パリでは、ジャンヌ・バダール（Janne Badard）の門下生となり、数々のコンクールで受賞、パリ・聖マドレーヌ寺院の専属ソロイストになった。このマドレー

河本喜介著『フォーレとその歌曲』（音楽之友社、1990年）巻頭写真。（著者提供）

ヌ寺院は、その昔からサン・サーンスやガブリエル・フォーレがオルガニストとして在籍していたところである。河本さんはまた、同時にフランス国立放送協会の独唱者としても活躍、あらゆるフランス作曲家の声楽曲を歌える人だった。

私も、関西で彼と同じステージに立ったことは二、三度あるが、彼のフランス語の発音はすばらしく、顔を見なければフランス人だと思うくらいだった。グノー、メシアン、プーランク、サティと、何を歌ってもすばらしく、個性的で、フランス歌曲の全てを網羅する技量のある人だったが、特にずばぬけてフォーレが上手。一九六九年には、ガブリエル・フォーレの未亡人がパリの自宅で主催した会で、フォーレの歌曲を歌い、注目された。

声楽家としてよく勉強し、芸術一般に対する理解が抜群であり、ご自身が完璧であったからかもしれないが、他人の演奏、特にフランス語の歌詞の発音や解釈には厳しい批評をなさった。

「あれはダメだ。フランス音楽になっていない」

その頃、同じく審査員だったマダム・プュイグ・ロジェ女史と丁々発止の議論を交わし、お互いがフランス語、それも高度な音楽専門用語が入り乱れるやりとりとなっている時には、他の審査員たちが入り込む余地もなかった。私は

「このコンクールは最高だ！」と手放しで喜び、彼が日本におけるフランス音楽の啓蒙と普及のために活躍し、審査員の仕事も末永く続けてくれることを願った。

しかし、一九八八年、彼は突然逝ってしまった。死因は心筋梗塞であった。

彼は精魂を傾けて、『フォーレとその歌曲』*(Fauré et ses melodies)* という書物を書き、これは遺稿として音楽之友社から出版されている。

そこに見る、彼のフォーレの作品に対する考察の緻密さと、愛情の深さには、ただただ驚くばかりである。

フランス歌曲の生き字引が遺したこの本は、今も、フランス歌曲を学ぶ人たちにとって、老若の別なく多くのことを学ばせてくれる貴重な一書である。実際に歌っていた河本さん自身からのアドヴァイスもあり、歌曲の題名から歌詞まで、日本語訳は全て彼の手に

よるものであり、難しい詞には懇切丁寧な注釈も付け加えてあり、まさに至れり尽くせりの書物だ。

これだけの才能のある彼が、現在も存命であったなら、プーランクやラヴェル、ドビュッシーなどの歌曲についても、すばらしい本を書かれたであろうと思うと、今もやるせない気持ちになる。

マキセ産業　会長　牧瀬《まきせ》　公一《こういち》

―男の魅力は太っ腹

牧瀬さんと知り合ったのは、もう半世紀近くも前である。

その頃は、〈いすゞ自動車〉の大阪の社長であり、後に〈マキセ産業〉の社長、晩年はご子息が跡を継いで社長となり、彼は会長として悠々自適、海外を飛び回っていた。

細かいことにもよく気がつき、大したアイデアマンだった。

息長い人気を誇る、ハーゲンダッツ・アイスクリームの〈抹茶味〉は、彼の発案である。

ある時、電話がかかってきた。

「今、暇やったら、ちょっと会社へ来てほしい。山田サンに味わってもらいたいものがある」という。その日はちょうど空いていた。

右 牧瀬公一。左 著者と。（著者提供）

「行ってもいいけど、何の用事？」

「味見してほしいモノがある」土佐堀の会社で秘書の女性が運んできたものは、ハーゲンダッツのアイスクリームだった。

「今度、ここのアイスクリームに抹茶を入れてみたんやけど、味見してくれる？」

「うん、これは美味しいワ」と私。

「僕が考えてん。どう？イケルと思う？」

「大丈夫よ」今やハーゲンダッツの人気レギュラー商品になった抹茶アイスクリームを見る度に、得意そうな彼の顔が思い出される。

ご自分のアイデアを、あらゆるところで提供し、目に見えるかたちにしていた。

中国大陸で枝豆の栽培と冷凍加工をやったり、とにかくアイデアがどんどん湧いてくる人だった。

奥様は

「主人は女の人が好きでねェ」と仰っていたが、女性にはこの上もなく、やさしい。ミス・ユニバースの選考会に連れて行ってくれたり、祇園の都をどり、豊中にあるロシア総領事館のパーティをはじめ、珍しい場所へ女性を連れて行って、驚かせたり喜ばせたりするのを楽しみにしていた。ちょっとヨーロッパの伊達男みたいである。

毎年、正月には、近鉄電車（近畿日本鉄道）のお座敷列車を貸切にし、曽根崎のきれいどころを連れて伊勢へお参りに行くのだと言っていた。これは、どうも嘘ではないらしい。その証拠に、正月の度に〈きんこ〉という志摩特産の干しさつまいもを沢山送ってくれたもの。これは非常に美味だったが、後に他所で値段を知って、その高価なことにびっくりもした。

彼が七十歳代の頃、

「牧瀬サン、いくつになったの？」と尋ねたら、ニヤニヤと笑って

「僕、今年三十七歳」とか

「四十七歳」とか、年齢の桁を逆さまに言って、みんなを笑わせ、アルコールはあまり口

牧瀬公一（右）と。2008年、出版記念パーティーで。（著者提供）

にしないのに賑やかな雰囲気が好きで、自分自身、周りの人たちを楽しい気分にさせる人だった。

会員制のVIP専用クラブ、超一流の料理屋、豪華ホテル、運転手付きの車にいたっては様々な機能を満載した最高の乗り物。豪華絢爛な場所へ出入りしても、一向に引けをとらない風格を備えた人であった。

気風の良さは言うまでもなく、私の演奏会の入場券などは、

「友達に宣伝してあげるよ」と、びっくりするくらい沢山捌いてくれた。売り捌くというより、あれはおそらく〈ばらまいて〉くれたのだろう。そういう、惚れ惚れするような男気のある人だった。

「これ上げるよ」とくれるプレゼントは、上等で高価なものばかり。いつか、フランス製の食器セットをもらい、それと全く同じ品物を、ヒルトンプラザ大阪内の店で見つけたとき、値札を見ておったまげた。

中国や台湾の企業を相手に大きな取引もやり、八面六臂の大活躍をしていたが、一つだけ、こんな彼にも〈玉に瑕《きず》〉があった。スピーチが決して上手くないのである。

私の開催するパーティでも、

「あいさつに何か喋らせて！」と必ず言うが、ダラダラと喋る話の内容はあっちへ寄り道、こっちへ脱線、そのうち支離滅裂になってしまう。ご本人は数日前から原稿を練り、暗記までして臨むのだが、このいつ果てるともしれない〈演説〉には、正直なところ困った。

しかし、漸くマイクを置いて、

「どうやった？よかったやろ？」と、自己満足に浸る可愛らしいところは憎めない。今どき珍しい、和洋折衷な魅力満載の、たぐいまれな男性であった。

フランス・トゥーレーヌ仏日協会　会長　ルセット・チュルパン
―古城の優しき才媛

パリからＴＧＶ（フランス新幹線）で一時間ほど南へ行くとトゥールである。ロワール河がゆたかに流れ、ジャンヌ・ダルクで知られたシノン城をはじめ、アゼル・リドゥ、アンボワーズ、シュノンソー、シャンボールと、数え上げればきりがないほど、由緒あるお城が林立している。

何百年という歴史を背負うこれらの城だが、建物を維持保存していく一環として、現在はホテルなどに利用し、観光客や宿泊客を集めているところも多い。

元エールフランス航空大阪支店長のポール・サブーラン氏は退職後、シノン城近くの邸宅に住み優雅な生活を送っていた。彼は、過去にもロワール河畔の城での演奏会を計画してくれたりして、この地方は私にとっても楽しく懐かしい場所である。

一九九三年秋、このトゥーレーヌ地方での演奏会を企画してくれたのも彼であった。

この演奏会の主催はトゥーレーヌ地方の仏日協会（Franco-Japon Touraine）であった。

仏日協会会長は女性で、ルセット・チュルパンという方。フランスでは要職につく女性は多い。ユネスコのパリ本部にも、魅力的で教養ある女性スタッフがいたし、銀行や出版社、マスコミ関係でも、男性を遙かに凌ぐ優秀な女性たちが沢山いた。

ルセット・チュルパン。1993 年。（著者提供）

チュルパン夫人は、まさに仕事のよくできる女性の典型のようなひとだった。

演奏会が始まる直前に、彼女は会長として、私のことを聴衆に紹介してくれたのだが、手際の良いスピーチ、よく通る声、無駄のない表現、まるでコメディ・フランセーズの女優のようであった。背は高く、洗練された服装に、優雅な立ち居振る舞い。ヨーロッパを初めて知った娘時代から、フランスの女性たちのスキのない身のこなしには敬意を表していたが、やはりトップに立つ人は違うと思った。

雄大なロワール河と由緒ある城が点在するトゥーレーヌ地方で弾いてから、もう二十年以上経つのに、いまだにマダム・チュルパンは便りをくれる。

「サブーラン夫妻も亡くなったし、ペアキンソン（パーキンソン病）で長患いをした主人も逝ってしまったし、淋しくなりました。またトゥーレーヌへ来て、エスプリに溢れたフランス音楽を聴かせて下さいな。会場はあなたのお好みのお城に交渉してみるわ。良いピアノを準備しておきます。準備のため少なくとも一年前に知らせてちょうだい！」

演奏会も結構だが、伝統に包まれたアゼル・リドゥの城や、広大なシャンボール城をもう一度訪れてみたい。愛するフランシス・プーランクのノワゼーの城にも行ってみたいー。チュルパン夫人は、見事なハンドルさばきで、喜んで案内してくれるだろう。いつも彼女の手紙の最後は、

「私たち、もう若くはないのよ。早い機会にお会いしましょうね・・・」と書いてあるけれども。

いっぱい思い出の詰まったロワール河畔、年代を経た数多くの城々、その地に住む素敵なチュルパン夫人。フランスの中でも特に大切な場所の一つである。

作曲家　フランシス・プーランク

ー人生を楽しむ　”レッテルのない　ひとりの音楽家“

二〇〇八年、パリに住むフランシス・プーランクの姪、ロジーヌ・セランジュ夫人が、『フランシス・プーランクのノート』(*Les Cahiers de Francis Poulenc*)という写真集を送って下さった。監修は「フランシス・プーランク友の会」の会長で指揮者のジョルジュ・プレートルである。

幼少のころから晩年まで、どの写真にも彼の個性と歴史が浮き彫りにされ、彼が活躍した頃のパリに思いを馳せた。

プーランクは昼間ダンディにきめて、にこにこと愛想よく振る舞い、ある一定の節度をもって他人と会う。が、彼は写真撮影の時、レンズに向かって、そのほとんどが隣に

ノワゼーのフランシス・プーランク（著者提供）

いる人物に、男女老若の差なく腕を回しながら笑顔を見せる。

フォーレやドビュッシーが、こんな笑顔を見せることがあっただろうか？

大きな手と長い指で、骨盤のあたりをギュッと押さえつけてくる、そのやさしい感触は今も忘れ難い。

社交的な場所に出入りしながら、独身でい続けることは、当時ならなおさら、かなり居心地が悪いはずだ。だから、プーランクも結婚をいつも意識していたと思う。一九二七年にロワール河畔のノワゼーに小さな城を買ったのは、明らかに結婚を意識していたのだろう。恋人のレイモンドウ・リノシエは、ゲイに対して否定的な感覚を持っていた。決して美人ではない。残された写真を見れば、むしろ男性的な顔だちである。

それがプーランクには、かえって好ましかったのかもしれない。しかし、いずれにせよ、ヨーロッパ社会、特に当時においては、独身でいることは肩身が狭かっただろう。

意外、かつ、いささかショッキングな事実だが、ゲイであると盛んに言われたプーランクが、女性とも性的関係を持ち得て、子供までもうけている。この少女は一九四六年に誕生、後年クラシック・バレエの踊り手となる。彼女は父親と親しくしていたが、「父親」であるとは教えてもらえなかった。プーランクの友人たちのほとんどが、彼が死ぬまで、このことを知らなかったそうである。

私の友人であるピアニスト、ガブリエル・タキーノは、少年時代からプーランクに師事していた。彼は私と同じ年齢で、七十代後半である。今でもプーランクのエピソードを話すとき、「彼はこう言った」「こんな風な身振りをよくやっていた」と目を細めて懐かしむ。これは、全くの偶然だろうが、タキーノもゲイであるという噂があった。しかし、三度の結婚をし、最後の（現在の）奥サンとの間に双子の女の子が生まれている。彼が六十八歳の時である。「娘さんたちがハタチになったら、あんたは九十歳近くになるのね」と言ったら、ケロッとして、さりげなく「そうだよ」とのたまった。思えば、プーラン

愛犬ミッキーと。ノワゼーの館にて（著者提供）

クもそんな人だった。「それがどうした？」という表情で――。

プーランクとバリトン歌手のピエール・ベルナックは音楽家として名コンビであり、それを見た世間は二人共ゲイなのではないかと噂したが、プーランクは相手を「きみ」(tu)とは呼ばず「あなた」(vous)で通した。二人はアメリカ巡業を行い、チャイナ・タウンに行ったり、ダンスホールでジルバを見物したりジャズを聴いた。二人のコンサートは全米で喝采をもって迎えられたが、この時もプーランクは例の茶目っ気で大いに感嘆してみせ、アメリカを熱狂的に讃えてみせたらしい。「ハリウッドを愛してます！」とか「グレタ・ガルボ（往年のハリウッドの美人女優）と結婚して、一生アメリカで暮らしたい！」などと言って、出迎えた報道陣を狂喜させ、大サービスをした。このようなはしゃぎぶり、私は敢えて関西弁でいうところの「いちびる」という言葉が最もしっくりくるのだが、これはプーランク独特のものである。パリに帰ると、早速友人のミシア・セールに会いに行き、楽しいアメリカ旅行の成果を報告している。この時もきっと、満面の笑みを浮かべ、大きな手で身振りを入れながら話していたのだろう。

　同じベル・エポックの時代をパリで過ごしたフランス歌曲の大家古沢淑子《ふるさわよしこ》女史、彼女の旦那様である作曲家倉知緑郎《くらちろくろう》氏からも、後年「六人組」（デュレ、オネゲル、ミヨー、タイユフェール、オーリック、プーランク）の噂を聞くのが楽しみだった。

　いつか、倉知さんが、まだ若かった私に

「忍サンは、将来どんな女性になりたいの？」

「そうね、ヴァカンスは南仏のニースやモンテ・カルロに滞在して、太っ腹で面倒見のいい、それでいて優雅な、ミシア・セールのような女性になりたいワ」と言ったら

「南仏はいいね。ミシアはピアノもうまかったし、特にサティの作品を上手に弾いた」と言っておられた。プーランクとも親しかったミシアは、今でも私の憧れである。プーランク自身、南仏が大好きだったらしい。この写真集でも、南仏でのプーランクは生き生きとして楽しそうだ。コクトーやココ・シャネル、ピカソなどと、南仏で落ち合って、よく一緒に遊んでいたらしい。

下着、靴、アメリカ製のシャツへの偏愛。ワインやチーズ、上等な菓子への贅沢な欲望。自らを画家ラウル・デュフィにたとえ、マティス、ピカソや同時代の画家を愛したプーランク。

今回の写真集の裏表紙に、彼の言葉として、「自分はキュビスムの音楽家でもないし、ましてや未来派でもない。印象主義者でもない。私はレッテルのない、一人の音楽家なのです」(Je ne suis pas un musicien Cubiste, encore moins Futuriste, et bien entendu pas Impressioniste. Je suis un musicien sans étiquette.)。とある。

プーランクもタキーノも、そして外交官筋の人たちも、私がヨーロッパで知り合った男性たちは、どういうわけか、ゲイだという噂の人が多かった。噂の真贋はこの際問題ではないし、どちらでも全く構わない。ただ、皆おしなべて、本当に女性にやさしかった。さり気なく示してくれるその好意には、いやらしいところが全くなく、透明で純粋な温かさに溢れていて、思わず胸がしめつけられるような嬉しさを感じる。人間同士として尊敬しあい、愛しあうことのできるこの心地よさは、私の好きなフランス音楽に共通するものがある。

特に、プーランクの茶目っ気。女性に対する温かなやさしさ、これらが彼の音楽には常に満ち溢れているから、聴いても弾いても楽しいのである。

彼が逝って半世紀。背の高い、ダンディなパリジャンのフランシスは、今でもパリやノワゼーの城、ニースやモンテ・カルロでいつものようにふざけて騒いでいる。そう思うことで、プーランクは私の中で生き続ける。

引用・参考文献

Ambassade de France en Italie. *Poulenc et l'Italie.* (Pubblicità & Stampa)
Association Francis Poulenc. *Les Cahiers de Francis Poulenc.* (Éditions Eastern, 2008).
Francis Poulenc. *Piano Album: pour piano.* (Salabert, 1989).

土居《どい》　安子《やすこ》

――モダンな奥さま

今を去ること約半世紀、私がパリ留学から帰国してしばらく経った頃、小さな男の子を連れて、小柄な婦人が拙宅を訪れた。土居安子さんである。

「この子、うちの次男ですねんけど、ピアノを習わせたいと思いますねん。よろしくお願いします。はよ、お辞儀しぃな（しなさい）」と、息子の頭をギュッと一押し。口数の少ない、おとなしい印象の男の子だった。その時から、三、四年間、彼はこのお母さんに付き添われて、拙宅へレッスンに通うことになる。

その頃、彼女の御主人は、大阪・難波の「髙島屋」の美術部部長として、まさに飛ぶ鳥を落とす勢い。畢竟、彼女の御用達百貨店もまた髙島屋で、毎日のように行っては、

土居安子。（著者提供）

帰りに、美味で有名だという「髙島屋サンドイッチ・パーラー」のサンドイッチをお土産にくれることもしばしばだった（髙島屋に行くのに、彼女は最寄り駅まで、いつも拙宅の前を自転車で通っていたのである）。

土居さんを通して、私は、当時の百貨店の美術部という場が、如何に高い審美眼と、美術品を売り物として扱うための鋭いビジネスセンスを必要とするのかということを初めて知った。次から次へと美術部で開催される、ある時は押しも押されもせぬ著名な画家や彫刻家の、ある時はこれからの活躍が期待される新進のアーティストの個展、土居夫人は、それらの招待券を惜しげもなく、毎回くれた。彼女が、旦那様経由で教えてくれる美術情報、「この人はこれから伸びてくるわ」「この人の絵は、今は知られてないけど、そのうち有名になるよ」といった〈予言〉の多くは、その後現実のものとなり、密かに驚かされたものである。

土居家はまた、旦那様が掃除、洗濯と家事ができる方で、彼女はデパート巡り、音楽会、観劇など、傍目にはまことに優雅な日々を送っていた。その際にはほとんどいつものように

「センセ、自転車置かせてね」と拙宅へ立ち寄っていたことが、今懐かしく思い出される。

交友関係の広い彼女は、私のリサイタルの度に、何十枚という入場券を売りさばいてくれた。今思えば、自腹を切って、友人・知人にばらまいてくれたのかもしれない。ふくよかな体つきと同じく、気前のよい太っ腹な女性だった。

ある時。いつものように、拙宅の庭の飛び石伝いに母屋へ入ってきた彼女は、

「センセ。今度、高島屋の主催で〈デラックス・ヨーロッパ旅行〉がありますねん。十六日間で、ちょっと長いけど、いろいろな国へ行けるよって（行けるから）、センセイとこのお母さん、私と一緒に行きはれへんやろか（行かないでしょうか）？誘いに来ましてん」

私も、母には一度ゆっくりと海外旅行に行ったらいいと思っていたし、彼女の話はまさに渡りに舟、母も乗り気で、

「土居さんとは気心も知れてるし、よろしゅうお願いしますわ」と、直ちに決定、

一九七一年五月末から六月にかけて、豪華なヨーロッパ周遊の旅に、二人はまるで弥次

喜多道中のように喜んで出発した。

ヨーロッパの五月、六月は、花咲き乱れ、木々も緑に萌え出し、最高に美しい季節である。私は、よかった、今頃二人は旅を楽しんでいるだろうと思った。

十六日間の旅程を無事終えて、二人は帰国したが、全く疲れた様子もない。彼女は自宅へ帰る前、拙宅へ立ち寄り、スーツケースを開けて、土産物を所せましと並べ回った。

イギリスの、フランスの、やれイタリアの、とセーターやバッグ類、アクセサリーと、高価なものばかり。

「でも、二人とも無事に帰れて何より。面白かった？」

二人は延々と土産話をしたが、聞いているこちらが疲れてきて、

「また、続きは今度ね」と帰ってもらった。その夜、母は笑いながら

「土居サンいうたらね、〈スーツケースのカギを失くした〉とか、〈足にマメができて痛い〉とか、〈このホテルの食事は大したことない〉とか、文句ばっかり言うんで、髙島屋の添乗員の人が〈山田サン、同じ部屋でよう辛抱できるなあ〉なんて言ってたけど、私は長い付き合いで、気心わかってるから、別に気にもなれへんかった」と、この旅行に満足していた。

彼女は、また、

「センセイも、ちゃんとした後援会がないとあかん。会長さんは、社会的にも名の知れた立派な人がエエわ」と発案、私の後援会を発足させたのは彼女であった。

肝心の坊ちゃんは、ピアノはあまり好きでなかったらしく、三年ほどはお母さんにヤイヤイ言われ、引きずられるようにレッスンに来ていたが、やがて辞めた。しかし、その後も彼女との付き合いは続き、彼女は事あるごとに拙宅を訪れては、まるで親類のオバチャンみたいな感じだった。

やがて、御主人が亡くなって、息子たちもそれぞれ家庭を持ち、一人っきりになった時、もともと家事はできず、お湯すら沸かすことが苦手な人だったから、時々拙宅へ食事に来たり、こちらからも御寿司や珍しいおかずを作った時は、彼女の家へおすそ分けを持っていったりしていた。また、私たちを一流ホテルで御馳走してくれたりしたこともあった。

身につけるものは、ミキモトの真珠のネックレス、セリーヌやグッチのハンドバッグ。カシミヤのセーター、エルメスのスカーフや上等ウールのコート。靴はいつも吉野屋の、一足数万円以上するものと決まっていた。

音楽会を聴きに行く時は、拙宅へ、こういう装いで迎えに来る。そして、

「私はこうしてブランド物で固めてんのに、センセはどこの製品かわからんもんを着てても、なんやエエもんに見えるなあ。アホラシイ」と言ったりする。人によっては、〈ギョッ〉とさせられるかもしれない〈土居さん節〉だが、根があっさりとして、可愛らしいところがあり、憎めない人だった。

後年、彼女は認知症を患うようになった。しばらく一人で独居生活を頑張っていたが、やがて、次男夫妻（あの、ピアノの練習が苦手だった男の子は、今や熟年の紳士となり、大恋愛の末結ばれた、音楽大学出身の奥様がいる）の計らいで、老人保健施設のお世話になるようになり、最後には、遠い山のふもとの病院で逝ってしまったということである。

私は、彼女が施設のお世話になり始めてしばらくした頃、施設へ電話をかけて、彼女の昔の記憶を引き出そうと試みた。

「ハイ、土居ですが」施設スタッフが繋いでくれた電話の向こうで、懐かしい声が、電話に出るときの口癖もそのままに聞こえた。

「土居サン、覚えてる？ピアノの山田です。山田　忍」

「あんた誰？山田サンて、知らんわ」

とりつく島もなかった。私は、人の世の儚さを嘆かわしく思った。

親類みたいに親しくしていたのに・・・人の縁というのは、気持ちだけでなく、病や老いによっても変わっていく。結局、思い出というのは、美しく楽しい記憶だけを、美酒を作るように醸成していくのが一番なのであろう。土居サン、と言う時、今、私の中に思い出されるのは、

「センセ、今日の演奏会はよかったネ！」と、ベルベットのドレスにセリーヌのバッグを持って笑っている、ふくよかな姿である。

ジャーナリスト　田島《たじま》　政雄《まさお》
――〈天真爛漫〉といってくれた人

もう、三十数年も前、産経新聞で「関西の人」という連載インタビュー記事が第一面、九段抜きで掲載されていた。題字は司馬遼太郎氏。ゴルファーの杉原輝雄さん、俳優の藤田まことさん、料理研究家の辻　静雄さんなどが登場していた。

一九七八年、春のある日、産経新聞文化部の田島さんという記者から電話がかかってきた。

「本紙連載の〈関西の人〉、御存じですか？取材に伺いたいのですが、御都合はどうでしょうか？」ていねいな、落ち着いた話し方の人である。

「まあ！あんな大きな記事に取材してくれはんのですか？」

田島政雄。(田島家提供)

そして、彼は四月のある日に、拙宅を訪れた。

まだ旧校舎の頃で、学校と母屋は隣接していたが、表門から母屋までは、庭の飛び石を伝って来れるようになっていた。

当時は、現在のように「セコム」みたいな警備設備も完備していなかったし、用心のために、長居公園で拾ってきた雑種の犬を五頭ばかり飼っていた。

雑種でも、名前だけは一人前に上品で、優雅なものばかり。「バロン」(男爵)、「ピア」(鳴き声がシャンソン歌手のピアフにそっくり)、「ムーニー」(ラヴェルが終生愛した猫の名)、「ナナ」(ゾラの小説のヒロイン) などなど。

田島さんは、たぶん〈フランス音楽専門と聞いたから、かなりむつかしい人かもしれない〉と思いながら訪ねてこられたようである。

庭を通って、レッスン室に面したテラスに近づいた時に、バロン君に激しく吠えつかれ、まずびっくりされたようだった。

「はじめまして・・・」と腰を下ろしかけたら、壁の鳩時計が「ポッポッポッポッー」。

「えらい賑やかですなあー」

「こんなんで取材できますのん？」

彼は笑顔で「大丈夫です」と言ってくれた。なんてやさしい人！

台所からお茶を持ってきてくれた母に
「上等のお茶菓子出してよ！」と耳うちした。彼女も「ものすごい感じのええ人やね」と小声でささやいた。

　この時の取材で、彼は記事の見出しに「天真爛漫」と書いてくれた。

　こんな大きな記事に、一体誰が推薦してくれたのかしら?リサイタルはいつもサンケイ・ホールだから、ホール関係の人かなと思ったりもしたが、後で聞いたら、当時のサンケイ企画のホール支配人であった吉鹿徳之司《よしかとくのすけ》さんが、

「ごっついおもろいピアニストがいてますねん」と推薦してくれたのだそうな。

　この時から、二〇一一年まで、田島さんとは長いつき合いが続いた。

　私がクモ膜下出血で生死をさまよった後に書いた『脳外科病棟から』の出版記念会の

時には、会場のロイヤルホテル（現リーガロイヤルホテル大阪）に足を運んで下さり、素敵なスピーチをして下さった。

彼は、メニエール氏病を患っていて、難聴だった。三九歳まで社会部に在籍、その後文化部で三八年間、産経新聞で勤めあげた。

退職後は、大阪府下の難聴の人たちの会合に積極的に参加し、遂に社団法人を立ち上げたりした。

奥様の話では、二〇一一年の暮れ、内臓疾患の手術のために入院、オペは成功したものの、退院間際に院内感染のため帰らぬ人となったとのことである。

取材の際には、少し頭をかしげて、相手の眼をまっすぐに見つめ、笑顔をたたえてじっくりと聴きながら、メモをとっていた。一般的にジャーナリストは忙しいせいもあるが、せかせかとした人が多い。しかし、彼はいつも落ち着いた、やさしい雰囲気の中で取材してくれた。

「田島さん、あなたは私のことを〈天真爛漫〉と言ってくれたわね。音楽批評でも〈天衣無縫〉とか言われたりするの。でも、世間では、これらは〈アホのうちやで〉なんて言う人もいますが、気にしないでがんばっているの」

「山田さんの地だから、それでいいんだよ」という、いつもの田島さんのやさしい声が聞こえる。

医師、金澤クリニック　院長
―無駄のない人生
金澤《かなざわ》　敬之介《けいのすけ》

天王寺高等学校のクラブでは、もともとスポーツの苦手な私は音楽部に入っていた。放課後、クラブでコーラスや合奏の練習をして夕方になる。

「金澤さあーん。私、楽器の後片付けをするから、あんた楽譜しもて（＝しまって）くれへん？」

「うん、いいよ」彼はゆっくりと動き出す。

「違う違う。楽譜はパート別に分けて片付けなあかんやないの！」

「うん、わかったよ」

「早いとこ片付けんならんから大急ぎやで！」

「うん、わかってるよ」

同級生の金澤敬之介さん。おっとりとした人だった。

大学生の頃、ひょっこりキタの街角で彼に出会った。

「あー、金澤さんやないの。元気？　この頃どないしてんのん？」

「奈良県立医科大学に通ってる。医者になるねん」

「医者って、何のお医者さんになるのん？」

「脳外科を専攻するつもりやねん。久しぶりやね。その辺でお茶でも飲みましょうか？」

と誘ってくれた。

喫茶店に入って

「コーヒーにしはる？ジュースがええのん？」私はイラチな性分である。

「どっちでもええわ」とりとめのないお喋りをして半時間ほどで別れた。帰りみち、私は〈あの人、おとなしそうやのに、むずかしい脳外科医になって手術なんかできるのかしらん〉と思った。

私が青天の霹靂でクモ膜下出血になり、大阪府立病院（現・地方独立行政法人大阪府

金澤敬之介。平成18年撮影。（金澤家提供）

立病院機構　大阪府立急性期・総合医療センター）に入院中、この病院の脳外科部長は服《はっ》部《とり》裕《ゆたか》先生という方で、以前は奈良県立医科大の教授だった。

長期の入院中に、私はこの方に「金澤敬之介さんという人、天王寺高校で同級生だったんですが、もしかしてご存知じゃないかしら？」とたずねてみた。

彼は

「あ、あの子ね。女の子みたいにおとなしいて、僕が教えましたよ」私たちはひとしきり、金澤さんの噂話をした。

このとき、長いご無沙汰期間に、金澤君はドイツへ留学したということも聞いた。

退院後、私は小さかった娘を連れて、東大阪市にある石切神社《いしきりじんじゃ》へお礼参りに行った。

彼は石切で大きな病院を経営している。神社とは目と鼻の先にあるのである。そこで公衆電話から彼に電話をしてみた。

「やあー、久しぶりやねェ。今日は休診日で丁度空いているから、今から迎えに行く。近鉄の石切駅で待っとって！」

彼はすごい立派なベンツを運転して迎えに来てくれた。

白い三階建てのヨーロッパ風の建物。階段には所狭しと可愛らしい花をつけた植木鉢がいっぱい。

久しぶりに会った彼は、以前から大柄であったが、高校時代と変らずやさしく、のんびりとした風情だが、いつのまにか得も云われぬ風格が備わっていた。

「うん。いい匂いがしてきた。家内がチーズケーキを焼いているんだよ」

すらりと背が高いスマートで美人の奥様。〈この家は、まるでヨーロッパの家庭みたいだなあ〉と、羨ましく思った。

たしかに彼のモノの考え方はヨーロッパ的だった。よく働く一方、休暇はきちんととって、かつて留学していたザール・ブリュッケンにスキーに行ったり、海外へは家族連れで出かけたりしていた。

また、家にお客を招くことが好きなのも、ヨーロッパの人みたいだった。

「来週、パーティするけど来えへん？　お嬢ちゃんも連れといで！　そのかわり、何でもいいから一曲弾いてほしいねん」

招かれた人たちの中には、ギタリスト、声楽家、ヴァイオリニストなども居た。

心底、サロン音楽を楽しむ会だった。夜更けてお暇しようとしたら、サッとタクシー券をさり気なく私の手に握らせ、

「これで家まで乗って行き！」と心憎いばかりの気配りをしてくれる人だった。このような仕草もヨーロッパの男性みたい。


私のリサイタルの度ごとに、沢山切符の売り捌きに尽力してくれて、自分のクリニックに来る人たちにも宣伝してくれたらしい。石切には、私のファンが、かなりいるのだ。時々
「金澤先生から、あんさんのリサイタルの切符もろて、楽しみにしてますねん」とか、

「毎回、欠かさず寄せてもろてます」などという電話をくれる人たちがいる。

金澤君は、いつも同級生の私のことを応援してくれた。

二〇〇七年の七月、彼は私と同じ病気で、アッという間に逝ってしまった。同級生仲

間から死亡通知の連絡を受けたとき、私は
「あんた、脳外科医のくせに、なんで自分のことわかれへんかったの！」とつぶやき、悔しさで胸が張り裂けんばかりだった。

告別式は、石切の、大きくて立派なセレモニー・センターで執り行われた。彼にふさわしく静かな音楽が流れていた。そこで会った御子息と御令嬢はとても立派に成長され、兄妹共に医者の道を選ばれていた。

告別式にご一緒した、天王寺高校の恩師、麹谷美規子《こうじやみきこ》先生は、葬儀の帰り道、
「なあー、山田さん、金澤君は、奥さんもしっかりしてはるし、子供さんらもあんなに立派やし、何も思い残すことなかったんとちがう？　今まで一生懸命やってきて、きっと、もう安心したんやわ」と、教え子の冥福を祈りながら、そう仰った。

長く寝ついて家族に迷惑をかけることもなく、一瞬のうちにすばらしい時を全うしたことは、本当に彼らしい。

惜しい友達を亡くしたと悔やまれるが、彼の人生はまことに無駄がなく、すばらしいものであった。

画家　ミッシェル・ヴァンチュール
―ベル・エポックのマダム

二十年近く前、今は亡きフランス総領事のアンドレ・ブリュネ氏が、ある大きなレセプションにフランス人のご婦人同伴で出席された。

この時、彼は

「とても有名な女性画家。京都にお住まいの、僕の友達です」と紹介して下さった。

その時以来、ヴァンチュール夫人には、いろいろな場所でお目にかかる機会があった。

冬には、ロシアの人たちが愛用しているコサック帽のような大きな毛の帽子、夏には鍔広の明るい色の大きな帽子を愛用、洋服は奇抜なデザインで、身に着けるアクセサリーは色鮮やかな色彩のものばかり、どこにいても、ひときわ目立つ出で立ちである。まる

右端 ミッシェル・ヴァンチュール。中央著者。左端は当時のフランス総領事シャティニュー氏。レストラン「ル・ポン・ド・シェル」にて。2003年。（著者提供）

で一九三〇年代のご婦人が現代の宴会場に居るような雰囲気だった。

細い指に、長いシガレットを挟み、物腰も優雅に、鼻にかかったフランス語で「ボン・ソワール、マダム。コマンタレヴ？」とあいさつされると、私も一九三〇年代の世界にワープしたような錯覚を起こしそうだった。

芸術家特有の個性的なオーラのせいか、とにかく彼女は目立つ存在だった。

何度か個展にも招待され、彼女の作品を見せてもらったが、その風貌や立ち居振舞いとは正反対の、男性的な現代美術の作品だった。デュフィやルノワールの作品が好きな私には、正直なところ、何が描かれているのかさえわからなかった。

一度、彼女の御宅にお邪魔したことがある。ブリュネさんが〈京都にお住まい〉と仰っていたが、なんと彼女の住んでいるところ、それは京都は京都でも嵯峨野・亀山町、京都駅から電車を乗り換えて小一時間、かなりの田舎だった。そこに、完全な日本建築のお邸が建っており、門構えはさながら『雨月物語』に出てくるような幽玄な造り。飛び石伝いに斜面を下ってゆくと、そこには立派な玄関、日本間が幾つか続き、屋根付きの広縁がぐるりと巡らされたその曲がり角にはロウソクの明かりが入った〈ぼんぼり〉が置いてあり、もう『源氏物語』の映画そのままの世界である。この邸には地下室もあり、彼女はそこを仕事場（つまりアトリエ）にしていた。

彼女は、この邸で仕事をし、普段は雇っている料理人が出向いてきて食事の支度をしてくれる。それも御馳走がずらり。自宅パーティの時には、一流のシェフが、彼女とその友達のために腕をふるうのである。

世の上流階級と呼ばれる人たちは、全てこんな生活をしているんだろうか？

パーティ会場でのマダム・ヴァンチュールの、あの光り輝くような存在感は、日頃のこんなゴージャスな環境において自然に培われ、にじみ出てくるのかもしれないと思った。

晩年、年齢と共に彼女は足・腰も弱り、日仏関係の会合がある場所へはタクシーで乗りつけてくるようになった。車の乗り降りもやっと、という状態だったが、やはり愛用の毛皮の帽子に毛皮のストール、にこやかに微笑むその様子には、一筋の乱れもない毅然とした、上流社会のフランス人女性の香りが漂っていた。

彼女はフランスへ帰ることもなく、数年前に京都で逝ってしまったが、あの嵯峨野にあった〈『源氏物語』邸〉は、いったいどうなったのだろう。

日本をあまりにも愛したがゆえに、その地に骨を埋める人は案外多い。

「フランス人だからといってフランスに住む、日本人は日本でしか住まない、住めないなんてナンセンスなことよ。あなたも半分はフランス人ね。ゆくゆくは南仏あたりで暮らしたら？」と、いつか彼女が言ったが、〈こういうグローバルな考え方のできる人ってすばらしい〉と思った。そして

「ほんとにそうね、ミッシェル」と、固く抱擁を交わしたことを、昨日のことのように思い出す。

弁護士　木村《きむら》　保男《やすお》

―見事な打ち上げ花火

木村先生は、もともと仕事の関係で父が知遇を得た人だった。

一九五九年、留学から帰国した私は、初めてお会いし、以後五十年あまりの長いお付き合いだった。

父が「大阪市立大学の法学部を出はって、不動産関係に強い先生でな。さっぱりしたええ人やで」と言っていた。

彼は私より一歳上、お兄ちゃんみたいな存在だった。父の没後も、不動産のこと、学校の人事など、よく相談にのってもらった。

木村保男。平成18年撮影。(木村家提供)

「先生はえらい弁護士さんやから、相談料もごっつい高いんでしょ?」
「そんなことあらへん。どうせあんたの相談なんかしれたもんやろ。それよりどんどんクライアントを紹介してえや」と言われ、私は一切、彼に礼金を払った覚えはない。

一九七〇年代から、しばしば木村保男という名がマスコミで採り上げられるようになった。それは、かの有名な「大阪国際空港公害訴訟」の弁護団団長をしていたからである。長い年月の後に勝訴され、ますます男を上げた。

その頃の先生は元気いっぱい、いつも前向き、空港問題や公害問題での弁護士としての仕事ぶりに加え、環境権研究会などでもその活躍は本当にすばらしく、日本の公害問題、環境問題の歴史において大きな足跡を残された。

一九九三年から大阪弁護士会の会長、日弁連副会長、大弁連理事など、タフに要職をこなされ、まさに飛ぶ鳥を落とす勢いであった。

大きな声でウィットとユーモアに富んだ会話、明るい笑顔。いつも〈妹〉を励まし、演奏会への援助支援、教育面へのアドヴァイスなど、親身になって力を貸してくださった。

二十五年前に、学校新校舎落成記念パーティーに来て下さり、「えらいこっちゃ!糖尿病になってもうてな」と言いながら、パーティーの料理を次々と平らげる健啖ぶりに

「そんなこと言うても、先生、それだけ食べてはんのやから心配ない、大丈夫やわ」と言ったら、

「まだまだイケル!お互いにがんばろうな」と、例のこぼれるような笑顔で元気溌剌であったのにー。

二〇一二年四月の「お別れ会」は、リーガロイヤルホテル大阪の大広間にぎっしりの人々が集まり、先生のお付き合いの広さと人徳を偲ばせた。

私は、先生の人生と、見事な散り際が、パリ祭でセーヌ河に打ち上げられた花火の、空中で大きく花開いた後に速やかに消えるところと重なって感じられ、ドビュッシー作曲の「花火」を

「先生、早いこと逝ってしもうてキライ。まだまだ相談に乗ってほしいことがあったのに―」と、心を込めて弾いた。

「あんた、僕のために弾いてくれたんやなあ―」と、喜んで下さったような気がした。

実業家　マリー・コルドウェイ（ヘーゼル）
―豪放磊落なカナダ女性

ヘーゼル。私と同じ齢《とし》。一九三四年生まれである。お姉様は五十年も日本に赴任していたカトリックのシスターである。この修道女から、カナダで、しかもトロントでコンサートをやるのなら、ぜひ妹に会ってきてほしいと頼まれていた。トロントでの演奏会の後、私はヘーゼルに会った。背が高くて細身、早口のカナディアン・フランス語。私たちは、たちまち意気投合した。

私が会った時、ヘーゼルはカトリックなのに、ご主人はプロテスタントということだった。小学校一年生を頭に、三人の子供たちがいたが、とてもそんな子持ちには見えず、若々しくて颯爽とした女性。演奏会場の近くにあるナイト・クラブでショーを観ながら、こ

右 マリー・コルドウェイ。カナダ・ナイアガラの滝にて。1963年。(著者提供)

の夫婦と三人で食事をした。

翌日、ヘーゼルは私のために時間をつくり、真赤で大きなスポーツカーを颯爽と運転してナイアガラ見物に連れて行ってくれた。

今になって思うと、彼女はかなり犠牲を払ってくれたのだろう。その日一日、ヘーゼルは幼い三人の子供の世話を誰かに頼んで、私に付き合ってくれたのだと思う。独り者だった私は、そんなことに気がつかず、うかつだったと思う。

その夜、小さな子供たちも交えて彼女の家で夕食をとった。すごいスピードで食事を作り、またすごいスピードで後片づけをし、子供たち三人をさあーっと寝かしつける。その手際の良さには呆気にとられた。

静かになった夜更け、私たちは午前二時頃までお喋りに現を抜かした。彼女は、修道女になった姉が遠い外国に行ってめったに会えないこと、その姉が若い頃には男たちに囲まれてどれほど魅力的だったことかと言い、「妹の私は、いつも姉サンにはかなわなかったワ。主人はプロテスタントだけど、私の家族にカトリックの修道女が居たって、何とも思ってないのよ。主人はとてもやさしいの」

隣の部屋で仕事をしていた、そのやさしいご主人が、夜食を買って持ってきてくれた。日本の〈夜鳴きソバ〉よろしく、カナダでは夜中にホット・ドッグやフライド・ポテトを売る車が通るのである。

しかし、彼女は後年、このやさしいご主人と離婚した。何も言わないけれど、あの可愛らしい三人の子供たちは、どうなったのだろう。

毎年、クリスマスカードをくれるが、三年に一度は、差出人の姓が変わる。「また、新しい恋人と一緒になった」と、あっけらかんと書いてくる。彼女は思い立ったら、パッと何でもやる人で、いつかもカナダで総選挙があったとき、「おおカナダ、おおカナダ」なんとかかんとか、という歌詞を書いて、素人なりにメロディを付けて、

「これにピアノ伴奏を付けて送ってほしい」と言ってきた。それでいて、お目当ての候補者が落選しても平気であった。

二、三年前から足腰が弱り、歩くのが困難だと言っている。あんなにスタイルの良かった人がーと同じ齢の私はいささかがっくり。

彼女は小さいことにくよくよせず、八十歳近くになってもコロコロと亭主を変え、人生を楽しんでいる。男女を問わず、私の知り合いの外国人にはこういうタイプが多い。ヘーゼルに

「どうしたら、そんなに次々とご主人が見つかるの？」と尋ねたら

「さあね、それは女の魅力次第よ」と、あっけらかんとして言うだろう。

明るい性格は、周囲の人間を楽しく伸び伸びとさせてくれる。

流通科学大学　教授　井関《いせき》　雄三《ゆうぞう》

―あなたはほんとに日本人？

もう三十年ほど前、気の張ったレセプションやパーティ、大きなイヴェントなどがあるときは常に、当時の大阪市長、大島《おおしま》　靖《やすし》氏の傍に、背は低いが、がっちりした体格の男性が居た。どんな役職の人だろうかと思っていたが、私と目が合うと、ニコッと笑う。最初から好印象だった。

折しも、大阪日仏協会の会長だった稲畑太郎《いなばたたろう》氏の体調がすぐれず、協会は休眠状態だったが、この頃に活動が再開された。この協会の運営委員会に出席した私は、向かい側のテーブルに、いつもパーティで目を合わせる彼が座っているのを見た。

お付き合いは、ここからである。彼はきちんとした性格で、何事もテキパキとやる人

左 井関雄三。右 著者と。リーガロイヤルホテル(大阪)にて。1993年。(著者提供)

らしいということが、この会合に出席することでよくわかった。運営会議の時でも、

「まず、レジュメを作ることです。この件についてでは、僕がしかるべき所に交渉しましょう」と、至極スムーズに進行させる。〈なかなか、大した人やな〉と、思った。

この頃、彼は大阪市の外務監だった。彼は澱みなく英語が話せた。

「井関さん、英語が達者なのね。どこで勉強されたの?」

「僕の英語は、ハワイで修業の賜《たまもの》です」彼の英語は的確で、余分なことは一切話さず、日本語で会議をしている時のように、理路整然としたもので、いつも私は感心、尊敬した。

私が叙勲した時、何を思ったか、十数人の友人たちを招いて、ロイヤルホテル（現在のリーガロイヤルホテル大阪）で一席を設けてくれた。この時、私は、「ぜったい、彼は私に気があるな！」と思ったが、そうではなかった。西洋の人間とつき合う機会が多い彼にとっては、友人として当たり前のことをしたに過ぎなかったのだろう。

後に、彼も私と同じ、学術・芸術に関する勲章をフランス政府から受けることになった。時に、フランス政府はその国に派遣している自国の大使、総領事などが、叙勲者とその友人達を招いて一席設けるのがならわしのようである。井関氏が叙勲した時の総領事は、マダム・ルネ・ベレで、当時、北浜の〈大林組〉のビルディング三十階にあったフランス料理レストラン〈ル・ポン・ド・シェル〉で宴席が開かれ、私も出席したが、彼はとても喜んで満足気であった。

彼は大阪市での職務を終えてから、大阪国際交流センターの専務理事となり、その後は流通科学大学商学部の教授となった。

彼については、忘れがたい思い出がある。
欧米では、ちょっと親しくなると、誰かれなく、挨拶に〈アンブラッセ〉をやる。今はハグといってどこでも見受けられるようであるが、私が初めてフランスの地を踏んだ時には、恥ずかしいのと照れくさいので、どうしようかと思った。フランス人の女友達が
「どうってことないわ。ヨーロッパじゃ親しみの証として、挨拶の時はこうするの」と教えてくれたが、それでも、二十世紀が終わるまでは、日本人同士でアンブラッセすることは、余程のことがない限り、なかった。
しかし、井関さんは、ホテル・プラザの廊下で、ロイヤルホテルのロビーで、いとも自然に容易《たやす》く、これをやってのける。
私たちは顔を合わせるなり
「どう?元気?」と、お互いに自然にアンブラッセをやった。この時の彼の手や腕の角度、息遣いは、もはや日本人のものではない。洗練された物腰、流暢な英会話、完璧なマナー、こんなに上手にアンブラッセのできる男性は、日本人では彼をおいて他には知らない。
一九九四年十一月、彼は、私が患ったのと同じ病気、クモ膜下出血で亡くなった。

一九九三年から翌年にかけて、私は海外演奏旅行や学校行事などで多忙を極め、彼の告別式には行けなかった。

でも、彼は、またどこかで、

「やあ、ボン・ジュール。サヴァ？」と、いつものアンブラッセをしに近寄ってきてくれるだろう。

カメラマン　山本《やまもと》　三夫《みつお》

―弟子に秘伝を託した師匠

現在わが校の専属カメラマンである〈写真工房　早苗〉の早苗《さなえ》順一《じゅんいち》氏が、先日、問わず語りに
「僕の師匠の山本先生、生きてはったらもう八十歳くらいですね」

「何言うてんのん。私が今年八十歳、彼は天高《てんこう》の上級生で十歳以上は年上やわ。もう九十をとうに越してるのんと違う？」

「えーっ、もうそんな年に・・・」と絶句した。

山本氏は、同じ区内で写真館を経営していて、いわゆる徒弟制度みたいにお弟子さんを抱えていた。ご自身も勿論撮影の仕事をこなし、夕食後には弟子たちに技術的なこと

山田　忍海外プロモーション用パンフレット表紙。山本三夫撮影。大阪・四天王寺境内にて。1963 年。(著者提供)

を教えていたようだ。

　私がフランスから帰国して、ぼつぼつ生徒に教えることを始めた頃、この人は西洋人形みたいに可愛らしいお嬢ちゃんを連れて我が家に来た。

「僕の住いは同じ区内なんです。先生よりは年取ってますが、天高の卒業生なんですよ」

　早速、娘にピアノを教えてやって下さい、と言う。子供も別嬪さんだが、このお父さんが、すごい男前である。往年の映画俳優、鶴田浩二《つるたこうじ》と佐田啓二《さたけいじ》を足して二で割ったみたいである。高校の先輩ということだし、お嬢ちゃんも賢そうだ。何よりお父さんがハンサムだ。

　私は
「喜んでお教えしますヮ」と、承諾した。

　そして私は、アメリカ、カナダ、ヨーロッパへの演奏旅行の際に持っていく、プロモー

山田　忍ピアノリサイタル表紙。山本三夫撮影。1967年。（著者提供）

ション用パンフレットのための写真を何枚か彼に撮ってもらった。写真の技術は、素人の私にはよくわからないが、出来上がった写真を見ると「へえー、これ、私？」と言うくらい、上手にいい雰囲気に仕上がっている。

修正は一切加えず、いつも自然体の出来上がりだった。

私は、彼に撮ってもらったこの写真を使って作ったパンフレットに音楽歴などを印刷して、各地にばらまいた。このパンフレットの御陰で、私にいい仕事が沢山舞い込んだのである。母などは「えらい、よう撮れてるね。ステージで実際に見たら、お客さんが〈看板に偽りあり〉と言えへんかしらね」と、心配したくらいである。彼はまた、撮影スポットを選ぶのも巧みで、四天王寺の五重塔をバックにするなど、外国人向けの写真を撮るのが上手かった。

肝心のお嬢ちゃんの洋子ちゃんは、とても賢いので、ピアノの腕はどんどん上がり、技術的にも音楽的にも良いものを持っていて、進歩もはやく、私は、いずれ彼女はピアノを専門にして、将来はピアニストになるかもしれないと思っていた。山本さんも奥さんも、子供の教育には熱心で、発表演奏会にはご夫婦で出席、いつも嬉しそうでわが子の舞台に満足気であった。

やさしい方で、私や後援会のご婦人方、私の両親などを、よく六甲や有馬などに誘って下さり、御馳走になった

後援会の重要な役職も引き受けてくださり、幹事のご婦人方は

「次の幹事会、山本さん来てくれはるかしら?来はんのやったら、どんな都合つけてでも私出席するワ」と、まるで女学生のように大騒ぎしていた。それくらい、人気があったのである。

しかし、もともと彼は身体が弱かったようだ。晩年の彼は、酸素ボンベを手放せなかったらしい。

お嬢ちゃんが高校生の頃、彼はあっけなく逝ってしまった。

山本さんが亡くなって、二週間ほど経った頃、彼のお母さんが我が家へいらした。

山田　忍ピアノリサイタル表紙。早苗順一撮影。1992 年。(著者提供)

「おばあちゃん、淋しくなったわね。でも、お嬢さんのためにも、お嫁さんのためにも、元気でいてあげてね」と言ったら、
「そうですねん。私もしっかりせんと・・・」と仰っていたが、息子さんの後を追うように、一年も経たぬ間に亡くなられた。

私の生徒、洋子ちゃんは、高校を出ると大阪市立大学に進学した。音楽とは関係ない学部だったが、時々、思い出したようにピアノが弾きたくなると言っていた。

冒頭に登場の早苗さん、彼も師匠に似て良い写真を撮ってくれるが、「もっと、いろいろのことを山本先生から教えてもらいたかったのに・・・」と、残念がることしきり。しかし、彼は山本さんから、素人にはわからない、何かウルトラCみたいなものを伝授されているに違いない。

この八十歳のオバハンの演奏会用ポスター写真を彼が撮ると、誰もが「ひゃー、五十代に見えるわ」と言う。写真は勿論、師匠と同じく無修正である。

山本さんは良い弟子を持った。私が育てる弟子も〈かくあるべし〉と願う。

追記。山本氏の写真をぜひ載せたいと、随分探したが、当方では見つからず、早苗氏にも手伝ってもらい、彼の友人、知人にも尋ねたが、皆さん御高齢で、〈水害の時に全部流されてしまった〉とか、お嫁さんや孫さんたちが〈何しろ、うちのおじいちゃん、もうボケてしもうて、何を訊いてもわかりませんねんよ〉ということばかり。あれだけの男前の写真がないのは残念だが、その仕事ぶりの素晴らしかった証を、ここにご披露しておくことにする。同時にこれは、紙上での〈師弟競演〉でもある。

ジャーナリスト　栗飯原《あいはら》　真《まこと》
―思い違い

栗飯原さんとは長い付き合いだったが、ジャーナリストとアーティストという間柄の割には何でも話せて、お互いの考えていることがツーカーでわかる仲だった。

奥様が癌で長い闘病生活の後で亡くなられ、最愛の伴侶を失った彼は全く寂しそうだったが、ジャーナリストとしての仕事はよくやっていた。

二〇一〇年、彼自身も喉頭癌で亡くなるのだが、それまで、年に二、三度は一緒に食事をとる機会を互いに作った。

新聞社を退職してからは、以前と比べて、見た目にもかなり落ち込み生彩を欠いていた。

栗飯原　真。1989年本校新校舎落成レセプションにて。（著者提供）

「この本はいいよ。読んでごらん」とか
「あの映画は中々よかった。もう一度見てみたいくらいだ」とか、色々教えてくれたが、謙虚なところもあり、フランスの芸術などについては
「ちょっと、ちょっと、原稿を書くのにわからないところがあるから教えて！」と、徹底的に勉強するさまは、なかなか頼もしいところもあった。

しかし、原稿の提出はいつも遅く、新聞社や出版社を困らせていたようだ。

電話で、「今、何してるの？」と尋ねたら
「テレビの野球中継見てる」

「まあ、また原稿が溜まってるのでしょ？」

「締切までにはなんとかなるさ！」

「また、テレビ見ながらビール飲んでるんでしょ？」

「当然！」

私のようなイラチな人間には、到底考えられないような悠々自適なところがあった。


退職後、いろいろな場所で少しずつ何か書いていたようだが、本人も癌になった頃から、日ごとに元気がなくなっていった。

晩年、彼はふっと思い出したように
「シノブ、Nを知ってるだろう？（彼はヨーロッパ人のように、私のことをシノブとファースト・ネームで呼んでいた）」

「もちろんよ。才能もあるし、あれだけの美人だもの」

「オレは彼女のことを、ずっと思い違いしていたのかなあ――」

「どうしてそう思うの？」

「オレが現役のときは、ヨーロッパから真夜中でも甘い声で電話してくるし、帰国の時は土産を忘れたことがない。それが、社を辞めた途端に、ナシのつぶてだ。まさに掌《てのひら》を返したとはこのことだね」

「ハハーン、アイさんは彼女に惚れてたのね。でも、女の人って、海千山千の人って多いのよ。ましてや、自己顕示欲の強い人はメリットがなくなれば離れていくわ」

彼はチビリチビリとワインを舐めながら、

「彼女は〈魔性の女〉なんだね」としみじみ言った。

「そういう付き合いは、後味が悪いわね。少なくとも私はそんなんじゃないよ」

「うん、よくわかってる」と、ニヤッと笑った。少し悲しげな表情だったが、ふっ切れた、いい笑顔だった。

　そして、ポツリと、

「人間は、常に第一線で仕事をしていないといけないいんだなー」と呟いた。


　この時会ったのが最後だった。

大瀧《おおたき》　みよ
―たのもしくてめんこいおばあちゃん

私の母には兄弟が沢山いたらしいが、私が中学生の頃には、与四郎《よしろう》という兄さんが一人だけ健在だった。彼は時々私たちの家へ訪ねてくることもあったし、よく覚えている。

彼は、今で言えば時代の先端をゆくハイカラな人であり、女性にもよくもてた。結婚、離婚を四回くらい繰り返し、最後の連れ合いは北海道出身の人だった。彼は、生まれは和歌山であるが、大阪、東京をはじめ全国を巡り歩いて車のディーラーのような仕事をし、運転も抜群に上手だったらしい。彼は、この北海道出身の妻をよほど気に入ったらしく、前妻の子を連れた状態で、晩年は彼女の故郷に居を構えていた。

大瀧みよ。（著者提供）

　あるとき、この与四郎おじさんから、母に電話がかかってきた。終戦直後のことである。

「近いうちに、秋田に住む大瀧さんというおばあちゃんが大阪に行くと思うから、面倒を見てあげてくれ」見も知らぬ人を我が家に泊めて面倒を見るなんて——と、両親は二の足を踏んだが、話を聞いてみると、悪い人ではないらしかった。

　与四郎伯父によると、妻子を連れて夜汽車に乗り、本州から北海道に帰る時、子供たちが腹を空かせて泣いたらしい。〈何か食べたーい、お腹すいたー〉と泣きわめくのを叱り宥めつつ、困り果てていたところ、同じ車両に乗っていた一人のお婆さんが、「ああ、かわいそうに。これをお食べ」と、竹の皮に包んだおむすびをくれたのだそうだ。この時、彼らには、このお婆さんが〈菩薩さま〉に見えたそうな——。

　それをきっかけに話しているうちに、このお婆さんは、息子たちの漁や畑仕事の収入だけではやっていけないので、自らは行商をやっているということがわかった。住まいは秋田県だが、汽車を乗り継いで関西まで行く。特に、神戸の三宮駅ガード下には、手頃な衣料品や雑貨が沢山売られており、自分はそこで品物を買い込み、再び秋田へ戻って地元の人たち相手にそれらを売るのだそうだ。それを聞いて、与四郎伯父は、おむすびを恵んでもらった返礼として、

「僕の妹が大阪に住んでいます。そこで泊まって、神戸まで仕入れに行ったらどうですか?」と、こちらの都合も聞かずに言ってしまったらしい。もともと彼は〈エエかっこしい〉なのである。

そして、ついに、この大瀧みよさんというおばあちゃんが我が家へやってきた。大柄で恰幅の良い、健康そうなお年寄りであった。そもそも、終戦後の復員兵や闇屋でごった返す、満員の汽車に十時間以上揺られて秋田から大阪へ来るくらいだもの。元気いっぱいの人であった。

以来、彼女は我が家へ来る度に、その頃は貴重な米や味噌、父には麹の香りがぷんぷんする一升瓶入りの日本酒を土産として持ってきてくれた。酒が大好きだった父は、

「満員の夜行列車に乗って、こんな運びにくいものを持ってきてくれるなんてありがたい」

と、チビリチビリと嬉しそうに味わっていた。

大瀧のおばあちゃんは、朝早くから神戸へ出かけ、夕飯前には大阪へ帰ってくる。モンペ姿に、前後に振り分けた一反風呂敷の大きな包み。ひっくり返りそうになって帰ってくる。

夕食後、

「だんなさん、奥さん、今日はええもの、てっぺあっただ（たくさんありましたよ）。見てけれ」と、座敷中に、半纏《はんてん》や洋服、着物を広げて見せる。神戸で手頃な値段で買い付け、秋田の自宅の座敷で再び広げて、いくらか値を上げて地元の人々に売るのだが、毎回全部売り切れるそうである。

季節の良い時、彼女は月に二、三度、秋田―大阪の往復を繰り返した。

鉛筆を舐めながら、パァーッと開く和紙製の大福帳に、値段を書き込んでいくのが、風呂上がり後の彼女の日課だった。その頃、七十歳代だったが、元気なことこの上なく、商売をすることが楽しくて仕方なかったようである。

やがて、私も中学から高校へと進み、ピアノを勉強するつもりで励んでいた。大学卒業前にフランスの音楽学校から入学許可を取り付けたが、渡航については何もわからな

い。その時、大瀧のおばあちゃんが
「ワタスの次男が、東京の衆議院さで働いてるがら、何かええ方法があるか、訊いてみるべ」と言ってくれて、結局彼女の息子さんが外務省や文部省への問い合わせなどをやってくれたので、私は渡仏できたのである。

　ある時、

「奥さんも、お嬢さんも、大阪にばかり居ねえで、一度秋田へ遊びに来てみでたんへ（来てみて下さい）。この婆が案内しすよ」と言ってくれて、父も〈二人で行っといで〉と送り出してくれた。

　秋田の彼女の家は広大で、通りを隔てて丘に登ると、向こうには日本海が見える。

　長男のお嫁さん（すこぶる美人であった）が、母屋の軒先で、子供相手の駄菓子屋を営んでおり、このお嫁さんが、食べきれないほどのおはぎ（ぼたもち）を作ってくれた。

　しかし、季節が夏であったことに加え、田舎のことで、お膳の上に積み上げられた大皿のおはぎには、黒山の蝿がたかっていて、母も私も手が出せなかった。食糧難の時に、全く申し訳ないことをしたと、今でも悔やまれる。

　おばあちゃんは、バスを乗り継ぎ船に乗り、我々を十和田湖巡りに連れ出して案内してくれた。旅館や食事の支払いも全部彼女がするので、「おばあちゃん、それはダメ。案内してもらうのは私たちだから・・・」と、勘定のときに遮っても
「奥さん、そげなこと。ワタスは大阪へ行く度に、まるで家族みたいに親切にしてもらって、感謝してるす。こげなことで恩返しできるのは、ほんど、ありがたいのよ」と、言った。

私は父方の祖母を知らないし、母方の祖母は小学校に上がる前に亡くなったので、祖母というものにまつわる鮮烈な思い出があまりない。

しかし、大瀧みよさんと知り合って以来、彼女はずっと私の〈おばあちゃん〉だった。年をとって体が弱り、足腰の自由が利かなくなってからも、秋田県の家の軒先で売っている子供向けの駄菓子やおもちゃを時々送ってくれた。まだ私のことを小学生だと思っていたのかしら？それとも、今で言う認知症になっていたのかしら・・・

おそらく、鉛筆を舐め舐め書いたのだろうと思われる仮名交じりで、広告の紙の裏に「これ送るけど、うちの嫁さんに内緒だで、礼状は要らねだす」

めんこい、おばあちゃんだった。

阪急電鉄株式会社　名誉顧問、宝塚音楽学校　校長　小林《こばやし》　公平《こうへい》

―巨星墜つ

二〇一〇年五月一日に、阪急電鉄株式会社名誉顧問、宝塚音楽学校校長の小林公平氏が逝去された。本当に偉大な方だった。

はじめてお目にかかったのは一九八五年頃。私は大阪府教育委員会の教育委員で、彼も同じく教育委員として御一緒に仕事をする機会を得たのである。

一八〇センチメートルを優に超す長身で、握手をしたときも、彼のてのひらにすっぽりと包みこまれるような、大きな温かい手であった。

風貌は堂々としていて、いつか写真で見たことのあるイギリスの作家、オスカー・ワイルドのようであった。

小林公平。（小林家提供）

一九九〇年頃、私は学校を建て直すことにし、校庭の小さな池に飼っていた何匹かの鯉を一体どうしたものかと思案していた。

小林さんにこのことを話したら、「宝塚ファミリーランドに池があるから、そこで飼ってあげますよ」後日、宝塚を訪れ、ファミリーランドの池を見たが、ずいぶん立派で大きな鯉がいっぱいで、うちから引き取ってもらった鯉を見つけるのは至難の業だった。

彼は進歩的で知的であり、申し分のない紳士だったが、ユーモアに溢れた人でもあった。

大阪府議会でのことである。

教育委員は職務上、当然議会に出席しなくてはいけない。

盛り沢山の議案を審議する間、議場の教育委員会の指定された椅子に長時間座っていなければならない。

教育関係の議題ならば、一生懸命、耳をそばだてて聴くが、土木や衛生の分野は、正直言って何のことだか全くわからない。退屈この上なしである。

ある時、土木関係の議案で、一人の議員さんが、壇上に上がった。彼は眼鏡越しに原稿を見ながら、盛んに「ピッグ・プロジェクト・・・云々」を連発する。私は退屈まぎれに、隣の席の小林公平さんにそっとメモを渡した。

「〈豚〉のプロジェクトって一体何なの？」

彼はニヤッと笑って、

「ビッグ、じゃないの」と書いたメモが机上を滑ってきた。

長時間の議会が終わり、議場を出たとき、彼は
「あの議員さん、事務方が用意した原稿を、〈ビ〉と〈ピ〉を間違って読んだんだよ。〈豚〉と〈大きな〉というプロジェクトの違いが分からなかったみたいだね」と、二人で大笑いした。

しばらくご無沙汰していた期間もあったが、パーティなどではよくお会いした。

二〇〇八年の春、私は大阪の「たる出版」の方から、『千里眼』という同人誌にエッセイを書いてみませんか、と誘いを受けた。

この同人誌のメンバーは関西でも著名な方々ばかりで、私は一度辞退したのだが、この同人の中に小林公平氏の名があった。私は彼に

「どうしようかしら?えらい方ばかりで、第一、年間四本も原稿を書かなくちゃいけないし、書きネタに苦労することはわかってるもの」

「大丈夫だよ。書くことなんていっぱいある。是非入って下さいよ」

教育委員会の頃からのお付き合いは続いていたが、またも彼としばしばお会いできるチャンスがあることでもあるし、私はこの同人誌に名を連ねることにした。

この頃から、またお会いする機会が増えたのである。

公文《くもん》　健《けん》というペンネームで作詞をなさり、シナリオも書き、油絵も御上手。絵画展で見たポルトガルやイタリーの風景画は、色合いも筆さばきも見事!何でもできる人は、やっぱり凄いなあーと感心した。

大阪・茶屋町のホテル阪急インターナショナルの瀟洒なレストランで何度か御馳走になったこともある。

こういう超一流の方とのお付き合いは、何もお返しができないので心苦しく、いつも甘えてばかりいたが、時たまお役に立ったかもしれないと思うこともある。

以前訪れた逸翁《いつおう》美術館（現　小林一三《こばやしいちぞう》記念館）は、落ち着いた佇まいの建物で、故小林一三翁が収集された、素晴らしい美術品、絵画、彫刻、骨董などが品よく展示されていた。

左 小林公平。著者と。ホテル・リッツカールトンにて。（著者提供）

二〇〇八年から二〇〇九年にかけて、小林公平さんは、この美術館を池田市に新装移転させ、これに併設して「マグノリア・ホール」と名付けた小ホールを建設された。

二〇〇八年春頃、小林公平さんから、サンケイビル常勤顧問の北村公宏《きたむらきみひろ》氏と一緒にホテ

ル阪急インターナショナルで昼食のご招待を受けた時、このホールのことが話題になり、小林さんは、

「当然ピアノを入れなくちゃいけないんだけど、スタインウェイがいい」と、仰った。

北村氏は楽器に詳しいのである。五〇年来、私は旧サンケイ・ホールの時から、彼が厳選したスタインウェイで演奏してきた。

北村氏は

「じゃ、ニューヨークの会社に交渉してみましょう」ということになり、お二人の会話は電光石火の如きものであった。

マグノリア・ホールは、二〇〇九年五月に落成。その前に小林公平さんから電話がかかってきた。

「ついにピアノが到着したんですよ。ついては試弾してもらえませんか？」私は、お役に立つのはこの時とばかり、一も二もなくこれを引き受けた。

神戸市東灘区の日本ピアノサービス株式会社の磻田《ばんだ》氏のスタジオに到着したピアノを、小林さんと二人で見に行った。

一九三〇年代の素晴らしいピアノ‼私は何曲かを弾いてみて、そのまろやかな音色の美

しさに魅せられた。

「まあ!、とてもいいピアノ。初歩の生徒の発表演奏会などに使ったら勿体ないですよ」

「勿論!一流の方々に弾いてもらいますよ」と、彼は満足気であった。少しはお役に立ったと、私もうれしかった。


どんな些細なことにでも相談にのって下さり、的確なアドヴァイスをして下さった、私の大切な知人が逝ってしまわれたことに全く呆然自失。

緒方洪庵《おがたこうあん》の曾孫という由緒に生まれ、海軍が大好き、経営のセンスはもとより、宝塚歌劇団をはじめ、芸術一般をこよなく愛した巨星が墜ちたことは、返す返すも残念である。

神戸女学院　院長、同大学　総長　難波《なんば》　紋吉《もんきち》

―忘れえぬ眼差し

高校を卒業する頃から、俄然ピアニストになりたいと思いはじめ、できるなら本場のヨーロッパで勉強したいと思っていた。しかし、私は一人娘。両親を日本に残して、自分の好き勝手をするのは親不孝だと思っていた。

高三になった時、神戸女学院大学音楽学部のピアノ科にいた人が（あるいはもう卒業していらしたかもしれないが）、〈毎日コンクール〉（現在の〈日本音楽コンクール〉）で優勝した。これをきっかけに、神戸女学院大の音楽学部ピアノ科は、優秀だということで既に有名だった英文科と共に世間の注目の的となった。幸運なことに、ここで四年間学んだ私は、四回生の時に、世界的なピアニスト、アルフレッド・コルトー先生に、エコー

難波紋吉。神戸女学院大学総長室にて。1956 年。(著者提供)

ル・ノルマル・ド・ミュジック・ド・パリへの入学を希望する手紙を書き、さらに幸運なことに許可をいただくことができた。そういう流れの中で、当時の私は、二年間ほどは親許を離れて、何としても成功してみせると息巻いていたのである。

卒業間近になり、留学計画が本決まりになった時、大学の院長先生と音楽学部の学部長先生には挨拶しておかなければならないと思い、これを実行した。

学部長はアメリカ人の男性教授で、「あっ、そう。まあ、しっかりね」と言った。これがアメリカ留学で、ニューヨークのジュリアード音楽院に行くとでもいうのなら、もっと親切に応対してくれたかもしれない。

ピアノ担当の先生は、ご自身もフランスで生活された経験のある方で、

「がんばってネ。コルトー先生に師事できるなんてすごいことよ！」と言って下さった。

さて、院長先生である。前々からお顔は存じ上げていた。音楽学部のある音楽館へは、正門を入って坂を上っていくのだが、この行き帰りにいつも見る、門の横にひっそりと建つ洋館が、院長先生のお住まいだと聞いていた。

私は意を決して、院長秘書にアポイントメントを取り、挨拶に伺った。

御専門分野は知らない。しかし、えも言われぬ品格と教養がにじみ出た姿は、まさに〈気品、辺りを払う〉という表現がぴったりくる感じだった。

「そうですか。フランスで勉強を続けられるってすばらしいことですね。がんばって下さい」

卒業式では、学生が一人ずつ壇上まで上って、院長先生から卒業証書をいただく。私は、既に一度面識はあるものの、緊張しづめであった。

証書を手渡すと同時に、

「海外では健康に気をつけ、立派な成果を上げるようがんばって下さい。それから、お

便りも下さいね」と仰り、大きな手で握手して下さった。

普段、雲の上の人だと思っていた院長先生からは想像もできない、温かさと励ましに、大きな勇気をいただいた。パリから、何回か葉書を送ったことを覚えている。いつもこまめにお返事を下さった。

神戸女学院の院長を退かれてから、兵庫県三田市に住まいを移されたが、その後、お目にかかる機会はなかった。

一九五九年九月の、帰国記念リサイタルの時には、プログラムにメッセージをいただいた。その文章には、私の大学時代およびパリ時代に師事した先生方の名前が入っていたが、全て間違いがなく、先生の記憶力のすごさに驚いた。

大柄なのに物腰柔らか、含んだような落ち着いた声音、温かく大きな手。包容力に満ち溢れた、すばらしい紳士であられた。

卒業式の壇上で、私が院長先生と見つめあい、固い握手をしていただいたことを、その場に居合わせた人たちは気がつかなかっただろう。でも、この時のことが、私にとっては、暗黙の励みとなって、異国で頑張ることができたのである。

フランス共和国元首相　ドミニク・ドヴィルパン
―京都での出会い

去る六月二十日、京都で京都大学創立百十一周年記念の機会に、日仏交流百五十周年記念行事の一環として、フランス共和国の元首相、ドミニク・ドヴィルパン氏が“Le Défidu multilinguisme et de la diversité culturelle dans un monde multipolaire”「多極的世界における多言語主義と文化的多様性の挑戦」と題して、基調講演をされるということで来日、上洛された。

講演日の前日、十九日に京都の関西日仏学館で、フィリップ・フォール駐日フランス大使主催の歓迎レセプションにお招きを受けた。

左 ドミニク・ドヴィルパン。著者と。京都、アンスティチュ・フランセ関西にて。（著者提供）

関西日仏学館へは四十年来、演奏や会合などで度々訪れてきた。コンサートの打ち上げ会は、いつも三階のサロンで行われたものだ。

このサロンは広いテラスと、南側に開け放たれた大きい扉と窓、それは南フランスに多い建物の特徴とよく似ていて、私の最も好きな場所でもある。

このサロンに現われたドミニク・ドヴィルパン氏。

背が高く、スマートで端正な身のこなし、高い品格と穏やかな佇まい、豊かな銀髪に、こぼれるばかりの笑顔。

手際よくご自分の思いを的確、簡潔

に述べる、上品なフランス語。

何よりも彼はとびっきりの男前である。

Dominique De villepin。名前からしても苗字の前にDeが付く。貴族出身の証である。

一九九五年に、ジャック・シラク氏がフランスの大統領になった時、ドヴィルパン氏は大統領府官房長に抜擢され、以後、外務大臣、内務大臣を歴任。そして、首相に就任した。各メディアを通して彼の活躍を知る度に、私は政治家としての彼の偉大さに感嘆していた。

二〇〇三年に、国連安全保障理事会において、アメリカの主導するイラク戦争に反対する演説を行い、国際社会に大きなアピールを与えた時のＴＶニュースを見た時も、「なんと立派な方であろう」と、胸のすくような感動を覚えた。

その上、彼は、政治家としては無論のこと、作家・外交官・弁護士など、様々な分野にも才能を発揮し、ナポレオンの伝記や、二冊の詩集を刊行してもいる。一九五三年生まれというから、現在五十五歳。人生で一番光り輝く年代である。

ＴＶニュースや新聞を通して見るだけでも、完璧な紳士であるが、間近で接し、ひとこと、ふたこと会話する機会をえてみると、彼の醸し出す雰囲気が一種独特で崇高なオーラを放っていることがわかる。さすがに伝統あるフランス貴族。その立ち居振る舞いに、生まれながらのノーブルな空気が匂いたつのは当然だと思われる。

その人に会えたのだもの！　舞い上がるのも当たり前！

「はじめまして」と握手した時の手のぬくもり。

「マダム。あなたはなんと素晴らしい職業の持ち主なのでしょう。音楽は人間を幸せにしてくれますね」

私の目を、じっと柔和な眼差しで見つめ、彼が微笑みながらそう言ってくれた時、私は今までの長年の苦労も、練習の苦しみも、吹っ飛んでしまった。

「写真を撮りましょう」と、隣同士でカメラに向かって並んだ時、彼は私の腰のあたりにさり気なく手をかけた。

これはフランス男性ならごく自然に誰でもすることだ。

しかし、ドヴィルパン氏のそれは、ちょっと違っていた。

その瞬間、身体中に電気が走った。

自分がえらくなったような錯覚を起こした。

彼の持つ洒落たムードは、人を幸福にしてくれる。

二〇〇八年六月十九日、関西日仏学館三階サロンでの出来事を、私は生涯忘れないだろう。

フランス音楽を弾き、フランス語が話せることを、こんなに素敵でありがたいと思ったことはなかった。

この五十年間、フランス音楽を弾き続けてこなかったら、一人の平凡な日本女性と、ドヴィルパン氏のような超一流の紳士との貴重な出会いはあり得なかったであろう。

帰り際に、一階玄関ホールで、彼は私を見つけ、近寄って来てもう一度、

「マダム、さようなら、お元気で！」と声をかけて握手をしてくれた。彼のやさしさを、

私は決して忘れない。

夢のような知遇のひとときであった

画家　ルイーズ・アンセルム（ルル）
─宝物の面影

一九九三年、パリ・ヴァンセンヌの森郊外でのリサイタルに来てくれたルルーは、溌剌として年齢を感じさせない素敵なパリジェンヌだった。子供や孫たちも姿を見せ、彼女は明るくはしゃいでいた。

ヴァンセンヌの森近くに住む長男ブリュノーの家で、コンサートの後、大きなレセプションを開いてくれた。この時も

「シノブ、もう一度このピアノで、あのサティの〈グノシェンヌ〉を弾いて！」と、オンボロのアップライト・ピアノの蓋を開けた。

ルルーは芸術家（画家）で、つき合う人々は誰もが彼女の魅力の虜となった。自分の

右　ルルー。夫クロードと。パリの自宅にて。（著者提供）

勉強はもちろん、家事や育児にも絶対に手抜きをしない人だった。

もう二〇〇〇年を迎えようとする頃、ご主人のクロードから電話があった。

「ルルーがペアキンソン（パーキンソン病）で困っている。僕が面倒をみているが、歩行が困難になり、あまり口もきかなくなった」と言う。

「本当なの？信じられない」と、受話器を握りしめたまま、茫然となった。彼女は私の〈パリのお母さん〉なのだから――。

そういえば、一九九三年の渡仏時、演奏会が終わってから「久しぶりだから、いろんなところへ案内するわ」と、まだ私が訪れていなかったオルセー美術館や、新しくできた新オペラ座、それにこれは以前からよく開かれていた日曜日の露天市場、そしてアルシュの門などを、地下鉄やバスを乗り継いで案内してくれた時のこと。彼女の足元を見たら、リハビリテーションで使用するような柔らかい布地で出来た、室内履きのような靴を履いているので、どうしてかなと思った。今までの彼女は、踵の高いピン・ヒールを履き、パリの石畳をカツカツと爽やかな音を響かせて歩く人だったのに―。今思えば、あの頃から足さばきの不自由が始まっていたのかもしれない。

足繁くパリに通っていた若い頃、私はいつもルルーの家に居候した。二人で台所に立つ時など、彼女は

「シノブ、どうして結婚しないの？ そりゃ音楽に一生懸命なのはわかるわよ。でも、年取って一人ぼっちになったら、誰も面倒みてくれないのよ。心細いでしょ？」と言っていた。

彼女は年々、〈ペアキンソン〉が悪化し、四人いる子供たちもそれぞれ家庭を持っているため、物理的、時間的にも彼女の面倒を見ることができなくなった。

彼女の夫、クロードは既に内臓の病気で他界していた。

そこで子供たちは相談の末、ヴェルサイユ郊外にあるカトリック系の修道院が経営する老人ホームに母親を入れることにした。優れた画家だったのに、絵を描く気力、体力

もなくなっていった。私は彼女の子供たちに手紙を書き、電話でも「どうなの?老人ホームで淋しがっていない?」などと、しばしば尋ねた。彼らは

「大丈夫よ。アパルトマンに一人でおいておくより、私たちは安心できるの。それに少し絵も描き始めたわ。気の合う友だちもできたみたい」それを聞いて、私は少しは安心していた。

しかし、その後、長女のブリジットが送ってくれた、老人ホームでのスナップ写真を見た時、私は愕然とした。映画女優のように綺麗だった、若き日の面影は、もはやそこには見てとれなかった。顔には表情がなく、テーブルに置いた手や指は歪《いびつ》に曲がっている。パーキンソンという病気は、なんと恐ろしいものかと思った。私は写真を裏返し、涙した。彼女が元気な頃に、もっと会っておくべきだったと思った。

フランスでは、事実婚や夫婦別姓は当たり前という風潮がある。ルルーは結婚しても、若い頃からずっと、キャンバスの右下隅にサインを入れるとき、ルイーズ・シャルマッソンと旧姓で書いていた。

晩年になって、クロードが狂喜して
「ブラヴォー、シノブ、喜んでくれ。ルルーが遂にキャンバスのサインに〈アンセルム〉と書くようになった。これは僕の姓だ！」

私が持っている彼女の作品は、シャルマッソンとアンセルム、どちらのサインのものもあるが、アンセルムとしたためるようになった頃のものには、画面にどこか優しさと落ち着きがあるように感じられる。

留学当初、パリに着いて何もわからなかった私に、手を取るようにして何から何まで教えてくれた、フランスの素敵な女性芸術家。

彼女の子供たちには、これからも会うチャンスはあるだろう。四人の子供たちが、それぞれに持つルルーの面影。

そこで、私はきっとまた、ルルーに会える。

「私は四人の子供を宝物として置いてきたの。私があんたにしたように、時々は会って、あの子たちの相談に乗ってやったりしてちょうだい」

だから、私は彼女の宝物にしばしば会いたいと思う。

パリ十二区の彼女のアパルトマンで、パリの街角で、私に沢山の宝物をくれた、往年の美人女優ダニエル・ダリュウのように美しいルルーに会えるかも・・・。

大阪大学　名誉教授、大阪大学附属病院　元院長　園田《そのだ》　孝夫《たかお》

―もう貰えないチョコレート

二〇一〇年四月三〇日、何気なく夕刊を広げていたら、死亡記事が目に飛び込んできた。

「園田孝夫氏　急性心不全で死去」

えっ。ウソ！　つい十日ほど前に、電話でいつものように、たわいないお喋りをしたばかりなのに――。

彼岸の彼方の園田先生から、電話がかかってきた。いつもの、落ち着いたやさしい声で大阪弁のイントネーション。

「忍チャンか？　僕や。原稿のネタが無うて困っとんのやろ？　僕のことを書いたらえ

えがな」という声が聞こえた気がした。

だから、この原稿を書くことにする。

高校一年生頃の夏のある日、夕餉の支度をしていた母が、

「稲荷寿司を作るのに、アゲが足れへんわ。ちょっと市場まで行って来て！」と言った。市場がある隣の駅まで、歩いて十分くらい。

その頃、この辺りで市場といえば、隣駅を降りた所にしかなかったのである。

園田孝夫（園田家提供）

駅近くの、山坂神社横の住宅街を斜めに横切って市場へ向かっていたら、洋館の窓越しにピアノの音が聞こえてきた。なかなか上手だ。
私は、しばしこの家の裏口の前で、立ち止まって聴いていた。ピアノの音が止んで、私と同じ年くらいの、ランニングシャツにステテコ姿のオニイチャンが
「何か用事？」と顔を覗かせた。
「ううん、この家の前まで来たら、ものすごい上手なピアノが聞こえてきたんで、ちょっ

と聴いてたんよ。あんたが弾いてたん？」

「うん、そうや」

「私より上手やね」

「へえー、君もピアノ弾くんか？」

園田先生と知り合いになったいきさつである。彼は私よりも三歳年上だった。


私は神戸女学院大学に入学、彼は大阪大学医学部に在籍していた。学校が違っても、私たちは互いの家を行き来し、学校帰りに堂島辺りの喫茶店でお喋りをし、友達仲間も増えた。


大学卒業後に私はパリへ留学。彼も一九六三年からアメリカのハーヴァード大学へ、奥さんや息子さん連れで留学していた。

私はフランス留学から帰国後、頻繁に海外へ演奏旅行に出かけ、アメリカのマサチューセッツ州での演奏会の時は、ボストンの園田先生のアパートに泊めてもらった。演奏会本番のない日は、ハーヴァード大学の研究室を案内してもらったり、奥さんが美術館に連れて行ってくれたり、一週間程の滞在期間中、タダで居候させてもらったのである。
その上、彼のアパートのリヴィング・ルームにあった、少々古ぼけたソファにドンと座って壊してしまい、以後、事ある毎に園田先生から
「あんた、アメリカでうちの椅子壊してくれたなあー」
と言われた。
「アメリカに住んでみてなあ、大人になってからの英語習得はやっぱりアカンと思うた」
と深刻そうに話していた。
「今から、ええもん見せたるヮ」
私たちは、その頃三歳くらいだった長男の光《ひかる》チャンを連れてアパートを出た。道路を隔てて向かい側に煙草屋がある。園田先生は煙草屋のオバチャンに
「エル(L)・アンド・エム(M)プリーズ」と言った。彼女は怪訝な顔つき。その横で光チャンがオバチャンを見上げて
「エーランデム、プリーズ」と言った途端、彼女はニコッと笑顔で
「OK、サンキュウ」とタバコを差し出した。
「な、こんなチビの英語が通じて、わしのはさっぱりあかんのや。イヤになるでェ」と少々、

いまいましそうに苦笑いしていた。

私から見れば、園田先生の英語は大したものである。

「外国で暮らし始めの頃は、誰でも一度や二度はこんな経験をするものよ」と言ったら、

「そうかー」と、少し安心した様子だった。

彼は帰国後、大阪大学附属病院泌尿器科の教授に、三十六歳の若さで就任し、世間の人々をアッと言わせた。当時の新聞はこのニュースを大きく取り上げ報道し、わたしも友人の一人として鼻高々であった。

長期間、臓器移植ネットワークの理事、西日本支部長の要職にあり、TVニュースに度々彼の映像が出てくることもあって、その度に私は家の者に「ほら、また園《その》ヤン出てるよ」と言っていたが、これは仲間ウチの親しい呼び名であり、公式の場所では恭しく「園田先生」と呼んでいた。親しき仲にも礼儀あり、である。

大阪府立急性期・総合医療センター（旧・大阪府立病院）の院長時代、彼は病院の講

堂にグランド・ピアノを据えて、「看護の日」には演奏会を開催していた。

「院長自らピアノ弾く病院なんて滅多にないで！」

「そうやね。ヨーロッパでは病院のドクター達の中にも楽器を演奏できる人が多いけど、みんな白衣でやってるわ」

この時以来、彼は病院で演奏する時は白衣着用であった。

「今度、連弾せえへんか？」

左 園田孝夫。著者と。読売新聞「交遊サーフィン」より。1997年12月22日。（著者提供）

「わあ、嬉し!! もちろんOK、先生と連弾できるなんて光栄やわ」

いつかの「看護の日コンサート」の時、TV局がニュース番組で放映するために取材に来た。

「ねえ、知らん人がTVを見たら、〞大阪府立病院には、なんとごっつい美人の女医さんが居てるんやなあ〝と思うやろね」

「アホか！　それより、ちゃんと上手いこと僕に合わせてや」

彼は私より上手いくらいだから、もちろん上手くいった。懐かしい思い出である。

私の演奏会の時には、関西でやる限り、必ず聴きに来てくれた。すごく協力してくれたのである。

本番一週間前くらいに
「心配やわあ。この年齢《とし》で近代曲の新曲を覚えんならんのよ」

「あのな、暗譜にはチョコレートを食べたらええのや」

「なんで？」

その理由を彼は延々と、カカオやポリフェノールがどうとかこうとか、チョコレートが脳に作用する仕組みについて、医学的な難しいことを色々説明してくれたがもう忘れてしまった。

でも、チョコレートの箱を時々届けてくれて、

「がんばりや！」と励ましてくれた。

もうチョコレートを貰うことも、演奏会後に温かい批評を聞かせてもらうこともない

んだ、と思うと、ほんとに切ない。

タイピスト　アリス・ロビタイユ
―女のみだしなみ

アリスはカナダ、モントリオールに住む独身女性であった。私がモントリオールでコンサートをすると決まったとき、長年の付き合いがあるカナダ人の友人が
「ホテルに泊まるのなんて、やめなさい。私の友だちに、気のおけない一人もんがいるから、彼女のアパルトマンに行くといいワ」
六十歳代の婦人が、空港まで出迎えに来てくれた。アリス・ロビタイユと言った。彼女のところにはピアノはなかったが、昼間、女子校の講堂のピアノを貸してもらい、指慣らしをやった。
アリスは小奇麗なアパートを借り、いつも部屋をきちんと片づけ、一人暮らしなのに

左端 アリス・ロビタイユ。一人おいて著者。アリスのアパルトマンにて。
1963 年、モントリオール カナダにて。(著者提供)

毎朝掃除をし、花を生け替えて、決まった時刻に仕事に出かける。彼女はある商社に勤める優秀なタイピストだった。今でいえば、さしずめパソコンを駆使する専門職であろう。自分の仕事に誇りを持ち、人生を無駄なく過ごし、かつエンジョイしていた。

彼女は仕事熱心で、タイプの打ち残しは家まで持って帰る。ヨーロッパでもそうだが、カナダ、アメリカあたりも、オフィスではあまり残業をしない。夜遅くまで、カタカタとタイプライターを叩いているのを見て、

「アリス、もうそろそろベッドに入ったら?」

「これをやってしまうまでは寝られないの。それより、何か夜食でも作ってよ」

台所はピカピカで、ちょっと汚すのも気が引けるほどだ。食器、ナイフ、フォーク、鍋に至るまで、清潔かつ整頓されている。

これでは男が入り込むスキもないなアと思った。

質素な生活をしているが、週に一度だけ、街のレストランへ行く。上等のワインを注文し、長い時間をかけて十分に食事を楽しむ。この時は、心底嬉しそうである。食後、ウインドウ・ショッピングをしながら家路につく。買い物はめったにしない。小さな装身具一つを買うにもよく吟味し、しかも、したたかに値引きさせて買うのは彼女の特技である。

私も一度買い物に付き合ってもらったが、イラチ（大阪弁で〈気が短い〉）で面倒くさがり、衝動買いのタチだから、たちまち途中でイヤになって

「もう、このあたりで決めとくわ」

「ダメ、ダメ。もっと安くて品質のいいのがあるはずだから」と、譲らない。そして彼女に選んでもらった毛皮のコートは、すごい値引きをさせたにも関わらず、半世紀を経た今でも、型崩れもせず暖かい。

アリスは、一日の疲れを風呂で洗い流し、毎晩必ず、その日に履いた靴下を洗っていた。それはちょうど、戦前の日本女性が家中の〈しまい風呂〉に入り、その日に履いた足袋を残り湯で洗い、毎朝清潔で真っ白な足袋を履いて仕事に精を出すのに似ていた。アリスも

「汚れた靴下を履いていたら、その日一日が腐るのよ」と、よく言っていた。

このカナダ人女性と何日間か一緒に生活して、様々なことを教えてもらったが、アリスがこう言った時、私は女の身だしなみとしては最高だと思った。国や人種は違っても、彼女のような人生の道案内人に、私はいつも遭遇する。まさしくアリスは私に、彼女の宝物を沢山残してくれた。

声楽家、日仏音楽協会＝関西　理事　角地《かくち》　正純《まさずみ》

―天に召された“相方”

一九五〇年代のおわり、声楽家の古沢淑子女史が、フランス歌曲研究会大阪支部でのレッスンのため、月に一度来阪されていた。

その頃、私は古沢先生の伴奏をする機会もあり、フランス歌曲に興味を持ち始めていた頃である。

ある時、古沢女史は

「ねぇ、大阪フラ研にとてもいいテノールがいるの。フランス語の発音をマスターしたら、フランス歌曲のいい歌い手になると期待しているの」と仰った。この人が角地正純氏である。フラ研のレッスンで彼の伴奏を担当することもあり、たしかにいい声だと思っ

た。

　彼は北野高校出身、私は天王寺高校出身、共に大阪府立で、この二つの高校からは有名な人たちが多く輩出されているが、何かにつけ敵《かたき》同士の学校で、

「フン、天高なんか質実剛健とやら言うて、田舎モンばっかりやんか！」

角地正純。（角地家提供）

「北野かて、大したモンは居てへん！」と、ラグビーやサッカーの応援団みたいに、悪口の言い合いをしていた。昭和七年生まれの彼は、私より少し兄さんで、気心もツーカー、音楽の勉強をする上では、声楽とピアノはいいコンビで、若さゆえの大胆さもあり、私たちは名古屋、神戸、和歌山と、フランス音楽の宣伝を兼ねて、いろいろな土地で演奏会をやった。

「山田サーン。また、ドサ回りの演奏会があるんだけど、弾いてくれる？」と、よく電話がかかってきた。どこからそんな話を見つけてくるのか知らないが、とにかく歌うの

が好きな人だった。

彼の友人仲間には、大阪教育大学での同級生、作曲専攻の辻井英世《えいせい》さんも居て、私たちは音楽会を聴きに行った帰りには、梅田周辺や大阪駅近くで、当時流行っていた“音楽喫茶”に入りびたり、えらそうに芸術や音楽談義などをやっていた。

ある時、彼が大阪放送合唱団のメンバーだった頃、

「辻井君がね、〈妹を嫁サンにもらってくれないか？〉って言うんだよ」

「あら、ミチルさんでしょ？いいじゃない。大賛成だわ」

そして、彼らは夫婦となり、三人の子供ができ、彼は信愛女子短期大学で教鞭を執り、教授として定年まで勤め上げた。三人の子供たちは、全員声楽家となり、やはり「蛙の子は蛙」。みんな父親似で、良い声をしている。

その間、彼の命取りとなる糖尿病にかかり、奥さんのミチルさんは、食事療法を専門家に習って、涙ぐましくも一生懸命尽くした。

「ミチルが僕の身体にいいものを作って食べさせてくれるから、おかげで透析もしないで働いて歌っていけるんだよ」と、いつも感謝していた。

しかし、遂に透析をしなければいけない状態になり、それは八年間続いた。その間に

腎臓の症状は悪化し、さらに胃癌だといって手術を受け、そこへ今度は自宅で転倒して、したたかに顔面を強打、眼球破裂で右眼を失明。そして、腎不全で、二〇一三年、酷暑の七月に、天国に召された。

彼は敬虔なカトリック信者で、教会の合唱団の指導にも熱心に取り組んでいた。晩年は満身創痍で、慰めも励ましの言葉もかけることができなかった。

ただ一つ、クリスチャンであった彼に、

「聖ベルナデッタの秘蹟、フランス・ルルドの聖水を取り寄せて、一度飲んでみたら？」

と言ったことがある。

五十年前に、この聖地を訪れた私は、実際に「眼が見えた！」と叫ぶ人や、聖水が噴き出る岩屋のあたりに、〈奇蹟〉のおかげで必要がなくなった松葉杖や車椅子が立て掛けられ、積み上げられているのを見たからである。

〈ルルドの聖水〉を取り寄せた彼に

「どうだった?何か変化があった？」と問い合わせたら、

「失明した眼の奥の方に、何か白っぽいものが見えた気がする」と言っていたが、彼の信仰とは関係なく、奇蹟は起こらなかった。

153　声楽家、日仏音楽協会＝関西　理事　角地　正純

「角地サン、〈日仏音楽協会＝関西〉の理事も長期間やってくれて、ほんとに感謝しているのよ。天国でも、あの美声でフランス音楽を広めるために歌い続けてネ」と、私は事あるごとに、そう呟いている。

神職　岸上《きしがみ》　秀男《ひでお》

―不可思議なお告げ

忘れもしない。三十数年前、拙宅の向かいの郵便局が開くのを待って、ポストの前で佇んでいたら、一人の小柄な初老の男性が、じっと私を見つめている。このあたりでは、見たこともない人だ。

「なんや、イヤラシイ」と思っていたら、

「お宅さんの後ろに、何や知らん、見えまんねん」と、笑顔で話しかけてきた。

「え?後ろに誰もいてませんけど・・・」

「いや、私はちょっと、その、霊的なものが見えまんねん」

「なんや、気色悪《きしょくわる》いわ」

「いや、悪いもんではおまへん。気になりはんのやったら、ゆっくり見たげまっさ（見てあげますよ）。ウチはこの通りの右側。こないだ引っ越してきましたんや、そこでんねん」と、彼が指差す方向を見ると、拙宅と同じ通りをずっといったところの向かい側になる。

　そのまましばらく忘れていたが、あのオッチャンが言っていたことが気になり出した。そこで、私は彼の家を訪ねた。急な階段を昇りつめると、六畳間くらいの座敷の奥に、大きな神棚が祀ってある。何のことはない。彼は、大阪は本町にある、摂津国一之宮として名高い坐摩《ざま》神社（本来は「いかすり神社」と読むそうだが、地元ではもっぱら「ざまサン」「ざまじんじゃ」として知られている）で神職を務めている神主さんだった。

岸上秀男。本校地鎮祭にて。1988 年（著者提供）

　彼は、神棚に向かって柏手を打ち、何やら祝詞をあげ、「フン、フン」と、誰もいないのに相槌を打っている。

何やら気味が悪くなってきた。

「あんさんの母方の先祖に、あんさんと同じ背格好で、声も顔だちも性格も同じ人がいてはりますな」

こちらは、そんなもん知るわけがない。

「今、御所車から降りてきはった。あれ・・・頭の右側に何や知らん、傷がある。刀傷《かたなきず》かいな」

そこで、私は
「そんなもん、私と似てる人かどうか知りませんけど、私は頭に傷なんかありませんよ！」

「おかしいなあ、そやけど、ちゃんと見えてるけどな」

それから彼は、こうも言った。

「ご先祖さんが、お稲荷さんを祀った方がええと言うてはる」

「ええというもんやったら、祀りますけど—」

「そやけど、そのお稲荷さんは、どこのお稲荷さんが出るかわからん。伏見《ふしみ》か黒川《くろかわ》か豊川《とよかわ》か、九州の方か。どこが出ても、一度はそこへ行ってみんならん(行ってみなければならない)。どこが出ても、行きまっか？」

私は腹を決めた。

「参らんならんもんやったら、どこでも行きますよ」

しばらく彼は祝詞を上げ、拝んで、

「伏見さんが出た！あそこのお山には、いくつか峰《みね》があってな。あんさんとこに出た神さんは、〈間《ま》の峰〉という所、そこの左側を入って三つめくらいの塚に〈豊春大神《とよはるおおかみ》〉という方がいてはります。そこへ行って、〈ウチで祀らしてもらいます〉と、頼んどいなはれ（頼んできなさい）」

私は、はじめて伏見のお山に登った。参拝者も少ないシーズンの伏見の山はシーンとして、霊気に溢れている感じがした。それにしても、圧倒されたのは、名物の連続する赤い鳥居以上に、山全体に無数の神々が祀られていることだった。どの峰にも、大小の岩や石に、「〜大神」「〜大神」と彫られ、祀られている。山全体が、神々でひしめいているような凄い場所だった。

やがて、〈間の峰〉に到着。茶店の主人に尋ねてみた。

「ここに、〈豊春稲荷大神〉という神さんが祀られていると聞いてきたけど、ほんまにあ

りますの？」彼は、ボロボロの和紙を綴じた、古ぼけた台帳のようなものを出してきて、それを見ながら

「へえ、たしかにおまっせ（たしかにあります）。ご案内しましょ」

私は彼と一緒に、〈間の峰〉の向かって左側三つ目に、確かに「豊春稲荷大神」と彫りこまれた。苔むした石塚を発見した。

「ほんまにあった！なんで、あの神主さん、自分で見たこともないのにわかったんやろ…」神々が宿る伏見の山で、背筋がゾーッとした。

その後、最初に、彼が私の〈守護霊〉だとか言っていた、例の〈御所車の人〉の、〈頭の右側に刀傷〉というのは、後年私がクモ膜下出血を起こして開頭手術を受けた際、まさに頭の右側にバッサリと〈刀傷〉ができたことにより、一致した。

この他にも、彼の言うことがピタリと現実になったり（ある時、「塀のところを裃《かみしも》姿で矢立《やたて》を持って歩いてくる侍が見える。あんさん、役所みたいなところで公の仕事をすることになりまっせ」と言われ、ピアニストが何故に公務？と思っていたら、大阪府教育委員を拝命することになった）、思い当たるフシがあったりで、その度に私は

「不思議なこともあるなあー」と、びっくりするやらゾッとするやらだった。

この人が、岸上秀男さんである。

霊感を持ったこの人に、私は迷いごとや困ったことが起きると、よく相談に行った。

母が脳梗塞で意識がなく、いよいよかと思われたが、なかなか息を引き取るというところまでにはならなかった時のこと。

「あのままではかわいそうやわ。なんとか早いこと楽にならんもんやろか…」と言ったら、

「安心しなはれ。今、外国旅行に行ってはりまんねん。〈まだまだ見てない所もあるさかい〉言うてな。これを楽しんでから、あっちへ行きはりまんねん」そして、

「ご先祖さんに、砂糖水をお供えしなはれ」と、特にこういう時の供養の方法を教えてくれた。幾日か続けたある日、ふと見ると、供えたはずの砂糖水が、誰かが飲み干したかのようにきれいになくなっていた。母が往生したのは、その翌日だった。

彼は神主さんだったから、学校の建て替えの時も、お祓いや地鎮祭、直会《なおらい》、竣工式と、本当にお世話になった。

彼は建設前の敷地へやって来ると、くまなく庭じゅうを歩き回り（建て替え前、拙宅

でくれた。

の敷地の半分以上が庭で、井戸に池に庭木に庭石と、沢山あったのである）、丁寧に拝ん
「池も井戸も木も花も石も、何も言うてはれへんけれど、この銀杏の木だけは残してくれと言うてはるから、頼んまっせ」

その場に居合わせた〈大林組〉の社員たちが、直立不動で「ハハァーッ」と深々と頭を下げたのには驚いた。後で彼らに「あなた達、あの神主さんの言うこと、ホンマに信じてるの？」と尋ねたら「土地には、科学的なモノの見方を超えたものが確かにあると思います。古い時代からの様々な歴史が積もり積もったのが土地ですから。我々は土地に建物を建てる仕事をする者として、ああいうお仕事をされている方の言葉は、おろそかにしてはいけないと思っています」と、真面目くさって返答が返ってきた。私もにわかに気色悪くなり、それから、岸上氏に言われたとおり、建物が建ち上がるまで毎朝、大きなドンブリに一杯のお茶と線香を土地に供えた。

　クリスチャンの私が、神や仏も大事に考えるのを見て、友人のカトリックの神父さんは「あなたは風呂敷文化だね」と笑う。

風呂敷でもカバンでも構わない。

ヨーロッパの人たちだって教会に行って神に祈る一方で、万聖節には墓参りをして先祖を大切にする。これは決して悪いことではない。

岸上さんは、稀にみる不思議な霊力で私を何度も助けてくれた。彼の不思議な力について、信じがたいと思う人も無論いるだろう。彼の言うことには、たしかに一見オカルトじみた内容がしばしば含まれていたけれど、彼といわゆる「インチキ霊能者」との間に確かな一線を隔てさせていたものは、彼のコメントには常に〈目に見えるものにも、見えないものにも等しく感謝する〉という確かなポリシーが前提にあったことだった。

彼は神職の傍ら、保護司としても長く活動を続け、その功績ゆえに平成十二年秋には、勲五等瑞宝章を受章したが、彼が保護司として関わった多くの人々も、彼から有形無形の助けをきっと受けたに違いない。殺伐とした世の中で、彼のように、自らは地に足をつけて堅実に生きつつ、同時に〈常人には見えないものを見る眼〉を持った人は、少なからぬ人に、精神的な助けと支えを与えてくれるのだと思う。彼がしばしば言っていたことの一つに、こういうものがあった。

「道で転ぶ。階段から落ちる。普通やったら、〈なんでこんな災難に遭うのか！〉と怒ったり悲しんだりする。そないしたら、いかんのや。ああ、転ぶくらいで済んでよかった、落ちるくらいで済んでよかった、大難は中難に、中難は小難に。有難い、有難い、おおきに、おおきに、と言いますねんで」

毎朝、仏壇にお茶とロウソクと線香を供える時、

「そうやな、線香は、三本と二本を二つ折りにして供えなはれ。こうした方が火災予防にもなるし、ご先祖さんが喜びはりますねん。それから、お父さんには煙草上げなはれ」

と言っていた、岸上さんの柔和な笑顔と静かな声が聞こえる。

画家、陶芸家　パブロ・ピカソ

―得難い宝物

留学を終えて帰国後も、私はフランス国立放送のニース局でのラジオ録音や、陸続きであるモナコ公国のモンテカルロ・テレビでの収録の仕事のため、度々南仏、それもニースに滞在した。

この街には知人が多いが、友だちの一人にスーパー・レディがいる。その名はアデリア・ハザマ。私のエッセイにも度々登場する人だが、気さくで明るいご婦人である。私が南フランス、紺碧海岸（コート・ダジュール）を見下ろせるニースやカンヌ、アンティーヴなどを好きなのは、彼女がいるからでもある。

彼女は昔の旦那様、硲《はざま》伊之助《いのすけ》画伯のことを、今もとても尊敬し、愛していて、いつ

右 パブロ・ピカソ。左はアデリア・ハザマ。1962年。(著者提供)

も「ワタクシ、日本の大画家、アザマ・イノスケの家内でございます」と自己紹介する。フランス人にはハ行の発音ができない人が多い。彼女は日本語が堪能だが、それでも、ハはアとなっていた。

(元)夫が大画家だと自慢、吹聴するせいかもしれないが、実に彼女は大勢の有名画家と昵懇の間柄だった。

マティス、ピカソ、デュフィ、ビュッフエ、シャガールなどなど••錚々たるアーティストたちと、親しげに付き合っていた。

ある年の初夏、彼女の運転で、アン

ティーヴからカンヌへとドライブに出かけた。よく覚えていないが、一九六〇年代前半だったと思う。アデリアは
「忍サン、ここまで来たら、ムッシュウ・ピカソの工房に行ってみよう」と言う。

「ほんとに?行ってみたいワ」地図にも載っていないような小さな町。たしかヴァロリスとかいったと思う。町に入る前、標識に〈Vallauris〉と書いてあったように思うが、今となっては定かでない。海岸から、乾いた土煙の立つ道を通っていった。

　短パンに上半身裸の男が、建物の外に設えた窯に、白っぽい皿みたいなものを盛んに放り込んでいる。アデリアはこの人に向かって、大声で
「ボン・ジュール。サヴァ？（こんにちは。元気？）」と声をかけた。

「仕事ぶりを見に来たのよ」

　この男は、見向きもしないで、窯から焼き上がった焼き物を取り出し、地面にどんどん叩きつけて捨てている。

「あの人、誰？」

「ピカソさん。気に入らないと、あんな風に捨ててしまうのよ」

「まあ、勿体ない」

左から順に、王様、平和の鳩、裸婦。（著者提供）

「ヘーイ。日本のマドモアゼルが捨てたら勿体ないと言ってるよ！」と大声を上げた。
彼女は最初に〈このオッサンは、仕事中は傍に行ったら怒るからね〉と言っていた。
彼は
「その辺にあるのは、全部失敗だ。欲しかったら持って行きな」と言った。
私は窯の近くまで行って、三枚ほど拾った。後でよく見ると、たしかにヒビも入っているし、焼き付けの色が滲んだようになっているものもある。しかし、これらの皿の裏側には、ちゃんと〈Picasso〉とサインもある。本人が気に入らなくても、〈本物〉には間違いない。アデリアは
「もう帰るからね。まあ、がんばりな！チャオ」と言って、車を出しかけた。私は助手席の窓を全開にして、大声で

ピカソの皿の裏面。サインが見える。（著者提供）

「メルシー、ムッシュウ。オルヴォワール（ありがとう、またネ）」とピカソさんに声をかけたが、彼はあの大きな目玉をぎょろつかせて、ちょっと笑って手を振っただけだった。

ニースへの帰り道、

「アデリア、実に残念だわ。あんな有名な画家の傍まで行けたのに、ゆっくり話もできなかったし、もっと他の作品も見たかったのに――」

「忍サン、あのオッサンは、仕事に夢中になるとむずかしい顔つきで、ほとんど口もきかないよ。でも、あんたは三枚もタダの皿を仕留めたじゃないの！ブラヴォー、上出来だよ」

と、海岸通りをすごいスピードで飛ばした。ピン・ヒールを履いた靴の爪先でアクセルを踏みっぱなし。

「アデリア、もう少しゆっくり走ったら？」

「私は、ピカソに会うと、いつもこんな風にテンションが高くなるの。すばらしい芸術家だよ」と、鼻歌交じりに、この時は〈オッサン〉とは言わなかった。

今も、あの時の三枚の皿は、我が家のリヴィングのガラスケース内に飾ってある。一枚は〈裸婦〉、一枚は〈平和の鳩〉、もう一枚は同モチーフのリトグラフも有名な〈王様〉で、こちらは皿というよりも鍋敷のような厚いプレートになっている。

これらの作品を見る度に、上半身裸の、精悍なピカソ氏の仕事ぶりを、ほんの少しの間でも目の当たりにできたことが、何よりも大きな宝物をもらったのだという気持ちになる。

元大阪市長　中馬《ちゅうま》　馨《かおる》

――命を懸けた政治家

近頃、日本だけではなく世界各地で少子高齢化が進み、昔のことを若い人たちに語り継ぐ機会も少なくなり、これは寂しくかつ憂慮すべき事態であると思う。

大阪でも、市政に全力を注ぎこんだ関《せき》　一《はじめ》市長、中馬　馨市長の功績を直に覚えている人は、今やほんの一握りではないだろうか。

ちなみに、関市長のお孫さん、淳一《じゅんいち》氏は、大阪府立天王寺高校で、私の一年後輩にあたる。

中馬　馨氏の御宅は、大阪阿倍野《あべの》区の播磨町《はりまちょう》にあった。地下鉄御堂筋線西田辺《にしたなべ》駅から南西に長居《ながい》公園を目指して歩くと、そこは東住吉区《ひがしすみよしく》、私の住まいのある区であった。中

中馬　馨。（中馬家提供）

馬氏の家と拙宅の間の距離は、徒歩で約十五分くらい。そう、思い起こせば、この地下鉄延長の工事も、長居公園を市民の憩いの場として建設・整備したのも、中馬市長だった。

一九五九年、私がフランス留学から帰国した時期、中馬さんは、心ならずも市長選で落選、野に下った頃である。

着物を粋に着こなし、兵児帯姿で、散歩の帰りだろうか、拙宅へ立ち寄られることがあった。縁側に腰掛け、父と世間話をなさっていた。母は、中馬氏が来られるといつもウキウキして、お茶を御出しするのを楽しみにしていた。

「いらっしゃいませ。今日はいいお天気でございますね。どうぞ、ごゆっくり」と、お茶を出し、茶の間に戻ると

「あんな男前の人、見たことないワ。惚れ惚れするネ」と、私に囁いていた。

精悍な風貌、強い視線、でも鋭さや怖い感じがない。いつも温かい雰囲気を醸し出す人だった。

中馬さんは、大阪の都市文化の伝統的な潜在力というものを信じておられたふしがあった。市民の中から自然と涌きあがる、美しいもの、面白いものを生み出そうとする力を信じて、公の面からもそれを支えたいと思っておられたのではなかったかと思う。伝統芸能への理解と支援は勿論のこと、文化振興のためのコンサートホールや美術ギャラリーの建設には、企業にも協力を呼びかけ、精力的に働いて下さった。

中馬さんはまた、いつも市政に夢を持っておられる人だった。大阪を文化の中枢都市に育てていくべきと言われ、

「その昔から、大阪は浪速文化を持っていた街なのです」と仰っていた。

「お嬢さんは、パリで西洋の音楽を勉強されて、フランス、ヨーロッパの文化のあり方について、いろいろ感じられたでしょう？」

縁側でのお喋りの中で、話題を振り向けられると、あの鋭い彼の眼差しに思わずタジタジとなり、

「そうですね。やはり、あの深い伝統の中に浸りきれるということは、芸術をする者にとっ

ては最高の幸せです」などと、エラそうに、わかったような、わからないような返答しかできなかった。それでも彼は私の音楽活動に理解を示してくれて、リサイタルにも来て下さったし、市長職が多忙になるまでの二年間ほどは、なんと私の後援会の会長も引き受けて下さった。本当にもったいないような話だが、フランス帰りの、小娘の〈音楽家〉を可愛がって下さったのである。

市長として多忙を極めた盛りの時期に、肝臓や結腸に広がった癌のため、六十七歳の生涯を、現役市長のままで閉じられた。

一九七一年十一月十日、葬儀が執り行われた阿倍野の大斎場へ、私は、私の後援会の役員メンバーや幹事の人たちと駆けつけた。密葬なのに、あんなに大勢の人たちが集まったのは見たことがない。沿道にも市民が溢れ返っていた。やがて、火葬場に向かう霊柩車に向かって。

彼の母校、早稲田大学の同窓生たちが、合唱し始めた。

「都の西北　早稲田の杜《もり》に　聳《そび》ゆる　甍《いらか》は　われらが母校—」早稲田大学の校歌であった。

合唱はやがて、早稲田と何の関係もない他の参列者たちの声も加えて、大きく大きくなってゆき、中馬さんは、夥しい数の人々の歌声を葬送の音楽として、彼岸の彼方へ旅立って行かれた。

私は、いつも思う。中馬さんのような人は、おそらくもう現れないであろう。

男前で教養があり、何よりも市政に熱心で、いつも大阪市民のことを考え、想い、それを目に見えるかたちで実行に移してきた人。病に斃れても市長の激務を続けた、この情熱と信念には、本当に頭が下がる思いである。そんな立派な方に

「あなたは芸術家なのですよ。自信を持ってください。尊敬しているのですよ」と、お世辞にしても言葉を寄せてもらい、可愛がっていただいた私は、つくづく幸せ者だと思う。

中馬さんが亡くなって年月が経ったが、奇しくもご長男の弘毅《こうき》氏が国会議員を退かれて大阪ユネスコ協会の会長に専念され、大阪の地から世界に向けて、文化発展のために尽力しておられる。彼の御父上に可愛がっていただいたこの私は、大阪ユネスコ協会の副会長として、弘毅氏の手足となってお役に立たねば、と思っている。

ヴァイオリニスト　マックス・ヴァレ
―仏のようなやさしさ

マックスはパリ国立放送管弦楽団のヴァイオリニストだった。

随分前、このオーケストラが大阪国際フェステイバルで演奏会をした時、ここの楽団員で、やはりヴァイオリニストの女性が急に体調をくずした。悪くなった、というよりも、彼女はもともと心臓が悪く、日本への演奏旅行の前から具合が悪かったようだ。

私は以前から、このオーケストラのメンバーに友だちが沢山いた。この時も、ヴァイオリニストのミシュリーヌやチェリストのマルグリットに久しぶりに会えて、私はとても懐かしく嬉しかった。彼女たちから、この女性ヴァイオリニストの病気のことを知らされて、

右 マックス・ヴァレ。娘の良と。1986年、パリ 彼の自宅にて。（著者提供）

「困ったことになったわね」と話し合った。

翌日、彼女たち楽団員は、京都や奈良に観光に出かけることになっていた。ミシュリーヌは

「私、彼女のことも心配だし、でも、今回を逃したら、またいつ行けるかわからない京都や奈良も見ておきたいし――」と思案に暮れた、辛そうな表情をした。私は

「行ってらっしゃいよ。あなたの友だちのことは、私が病院へ行って、様子を夜にでもホテルへ電話するなりして、知らせてあげるわ」彼女は

「お願いね」と言ってバスに乗った。

私は彼女たちを見送り、その足で厚生年金病院へ見舞いに行った。

そこで、マックスに会ったのである。

「あなたもオーケストラの人でしょう?どうしてみんなと一緒に京都見物にいらっしゃらなかったんですか?」

「団員の中に病人が出たのに、見物もあったもんじゃないと思いましてね。それに、特に彼女は私と同じパートのヴァイオリン弾きだし、長年の友だちなんですよ」と言った。

私は、随分やさしい人だなと思った。

病人は、医者の話では、今はしばらくソッとしておくしかないということだった。

マックスは、

「また夕方、様子を見に来るよ」と声をかけてから、

「知らない土地で、一人で昼食をするのも味気ないし、あなたさえよかったら、ぜひ付き合って下さい」と言った。

私たちは、ロイヤルホテル(現リーガロイヤルホテル大阪)のグリルに行った。この時彼は、「私は、もう四十歳を過ぎたのに、今、初めて子供ができるんですよ」この旅行中に、赤ん坊が生まれるらしい。彼は

「もう、そろそろ、今日あたりかもしれない」と、始終ソワソワしながら、時計ばかり見

左端 マックス・ヴァレ。中央は良、右端はヴァレ夫人。彼の自宅にて。(著者提供)

ていた。

私はまたもや、やさしい人だなあと思った。

私にも娘が生まれ、彼女が中学生になった頃、演奏旅行の時にフランスに連れて行った。私は、マックスに会いたいと思った。今まで、何度かの渡仏の度に、マックスや息子のミッシェルに会った。ミシュリーヌやマルグリットが

「マックスの親バカぶりときたら、ほんとに開いた口がふさがらないのよ」と、大声で笑ったが、彼は恥ずかしそうにニヤニヤ笑いながら、でも本当に嬉しそうだった。私も、そんな彼に娘を見せたかったのかもしれない。

パリ滞在中に、彼は二度ほど食事に招いて

くれた。パリ市内からブーローニュの森を通り、ヌイイの落ち着いたアパルトマンに住んでいた。物静かで上品な、彼の奥さんが随分もてなしてくれた。

マルグリットは

「産後、二カ月くらいは、奥さんには何もさせなかったわね。買い物も掃除も全部彼が自分でやるの。オーケストラの練習日でも、終わるとすっ飛んで帰ったものよ。奥さんのお母さんが田舎から手伝いに来ているというのによ。彼は、やさしくて思いやりがあって、奥さんは幸せ者だわ」と、心底、羨ましそうにそう言った。

でも、彼は奥さんや息子にだけやさしいのではない。誰に対しても、自然にもって生まれたやさしさがある人で、ちょっとした仕草や、短い手紙の中にも、それがしみ出ているのである。

ヴァイオリン弾きとしては、とび抜けて上手いとは言えないが、人間としてのやさしさは無比の人だった

マックスに会うと、日頃のモヤモヤや憂鬱な気分が、いつも吹っ飛んでしまうのだった。本当に、〈ほとけさま〉みたいな人だった。

歯科医師、小林歯科　院長　小林《こばやし》　明《あきら》

―最後まで優しかったドクター・ダンディー

娘が就学前、「歯が痛い」と言い出し、さてどこの歯科医院にかかったらいいものかと思案した。人の噂では、「小林先生は全然痛くないし、小さい子でも上手に治療しはる」ということを聞いた。以後、母も私も、家中の者が、本当に長い間、小林　明先生のお世話になった。

殊に私はピアノを弾くので、激しいパッセージや強く演奏する部分を弾いていると、自然に歯を食いしばる。これは野球選手がバッティングする時、あるいは大相撲の力士が土俵でがっぷり四つに組む時と同じ原理だそうで、おかげで歯はガタガタである。演奏会前などは、必ず小林歯科へ数回は駆け込むことになる。

右端　小林　明。左端は奥様の一美さん。お嬢さんの佐和子さんの結婚式にて。カナダ・ブリティッシュ・コロンビア州ウィスラー、1997年9月17日。（小林家提供）

さて、この小林　明先生。長身でがっしりした体つき、ゆるくウエーブがかかったゆたかな髪に優しい眼差し。驚きあわてる、などということとは無縁な、ゆったりした挙措動作になんとも気品があり、同時にゆたかなユーモアの持ち主でもある。三十代の頃、娘の虫歯で初めてお世話になって以来、私はこのドクターに憧れていた。彼と私は年齢も同じで、話題は事欠かず、小林歯科へ行く時は、もはや治療に行っているのかお喋りしに行っているのか定かでない。

魅力的な先生のオーラが招くのか、小林歯科の門を叩く患者さんも誠に多様。近所の老若男女は言わずもがなだが、外国（オーストリアやアメリカなど）からわざわざ来られる方もおられたようだ。

とにかく優しくて教養があり、スポーツも堪能（学生時代はアイスホッケーの選手だったそうだ）、中でも、特にゴルフがお好きだった。

文学や芸術についても造詣が深く、色々な情報を教えて下さった。

大恋愛の後に結ばれたご夫妻は、いつも幸せそうで、車の運転のお上手な先生がハンドルを握り、愛車のボルボを駆って、ご夫妻であちらこちらへ旅行に行かれる。その度に、必ず彼の地の御土産を買ってきてくださる、気配りに溢れた方だった。娘の結婚式を、奈良県の石上神宮《いそのかみじんぐう》で挙げた時も、自ら運転を買って出て下さり、遠路をものともせず乗せて下さった。折しも、天理教の月次祭と重なってしまい、神宮までの道程にある天理市内は日本全国からの乗用車で大渋滞。おかげで式の時刻に間に合わず、大幅に式を遅らせる結果になったが、その時も、小林先生の「いやあ、今日の遅刻は僕のせいですわ、すみませんねえ」というやわらかな一言で、場は一気に和んだ。

眼の中に入れても痛くないほど可愛がっておられたお嬢さんが、カナダ人と結婚されてから、ご夫妻は毎夏、避暑を兼ねて二か月ほどカナダで過ごされるのを楽しみにしておられた。

平成二十二年、初夏。大学で演劇の研究を続ける娘の論文が、指導教授の編纂のもとでハードカバーに掲載されたというので、兼ねてから娘の仕事を応援してくれていた小林先生にも一冊差し上げようと、御宅を訪れた。何やら人の出入りが激しく、ザワザワとして、普段と様子が違う。

奥様が、玄関に出てこられるなり、私の両手を握って、

「主人がね、亡くなったんです」と、嗚咽された。

「えっ!、うそ!なんで?」と、私は言葉にもならず、

「主人を見てやって!」と言われた奥様に続いて、二階に上がった。そこにはいつもと変わらぬ先生が、まるでお昼寝でもなさっているかのように、穏やかな面持ちで横たわっておられた。

奥様は、傍らのデッキ・チェアを指さし、

「あそこに座って、転寝《うたたね》でもしているような恰好で亡くなっていたの」と仰った。

聞けば、この日、奥様はお友達仲間とゴルフに行かれたそうである。この頃、小林先生は足を痛められていたこともあって、留守番をなさっていたが、急に何を思ったか、奥様たちのいるゴルフ場へ、愛車に乗って姿を見せられたそうだ。

「ゴルフシューズ、忘れてるよ」奥様の忘れ物を届けに来られたのである。

そして、何事もない様子で、再び車に乗って帰っていかれたそうである。

「私、なんであの日、ゴルフに行ったのかと思うわ。わざわざ忘れ物を届けてくれて・・・思えば、あれが最後になったのね。帰って、デッキチェアーに座って、それから、そのままこと切れたんだと思います。私は、もう二度と、ゴルフには行く気がしません・・・」

と、奥様は涙ながらに話された。

私は、何と返すべきか、言葉に窮した。

「何も苦しまんと、そのまま極楽往生しはったんやわ」と、私は、穏やかな先生の顔をじっと見つめた。


家族はお寂しいとは思うけれども、優雅なライフスタイルを送り、患者さんから信頼され、優秀な子供たちと愛情濃やかな奥様、可愛らしい孫たちに囲まれ、最期はアッと言う間に彼岸の彼方に飛び移っていかれた小林先生は、とてつもない徳を持った方だったと思う。最後まで穏やかな、優しいダンディズムを貫かれた方だった。

作曲家ジャック・イベール　子息　ジャン・クロード・イベール
―音楽を通じて結びついた素晴らしい縁《えにし》

パリ十六区にあるイベール家のアパルトマン。落ち着いた居間に置かれた、イベール先生愛用のエラールのピアノ。

広大な森に囲まれたヴェルサイユのイベール家の邸宅。

ジャン・クロードは、いつも母上であるイベール夫人ロゼッタさんの傍らにいた。背が高く、肩幅広く、偉丈夫な人だった。彼は、フランスが誇る作曲家の一人であるジャック・イベールの長男である。

パリ・フィガロ紙に籍を置くジャーナリストだったが、晩年は、母上の跡を引き継いで、御父君の作品整理やまとめなどを丹念にやっておられた。作品の版権、世界中の演奏家によるディスクやレコードなどの整理など、膨大なその仕事は、脇で見ていても目が回るようだった。

「忍サン、今度はいつ頃の作品をレコーディングしてくれますか？」

「次の演奏会には、また〈物語〉（イベールのピアノ組曲作品のタイトル）を入れて下さい」

などと、よく言われた。

彼が亡くなって、あの膨大な資料の整理は誰がやっているのだろう。彼の子供たちが引き継いでいるのだろう。

往々にして、由緒ある家柄の人たちは、国籍を選ばず、血脈を大切にする。この姿勢は、代々受け継いできた貴重な文化資産を守り伝えるのに大きな役割を果たす。

二〇一二年、私の音楽生活五十五周年のリサイタルをやった時、ドビュッシーやプーランクの作品と共に、イベールやサティの

左 ジャン・クロード・イベール。著者と。ヴェルサイユのイベール家にて。1967年。（著者提供）

作品を選んだ。本邦初演が好きな私は、このとき、コルトー先生の親友の作曲家、クロード・デルヴァンクールの〈若々しい時間〉を採り上げた。この時、この作曲家は、コルトー先生の友達だったんだと改めて親しみを感じたが、同時に、楽譜のタイトル上段に、〈この作品を、ジャン・クロード・イベールに捧ぐ〉と明記されているのを発見。

「へえー、デルヴァンクールは、これをジャン・クロードのために書いたんだ」と、得も言われぬ親近感を抱いた。この中にある〈美味しい昼食後の遊びのために〉というタイトルは、おそらくヴェルサイユの御屋敷で昼食の後、ジャン・クロードたちが遊んでいる様子を作品にしたのだろう。この作曲家は、度々、イベール家を訪れていたのだろう。

想像はいくらでも膨らんで、私はイベール家の人たちと同じひと時を、時空を超えて過ごすような錯覚に陥る。

ジャン・クロードの声が聞こえる。

「そうだよ、忍サン。僕たちが小さかった頃、父の友人の音楽家が、いつも食事や雑談をしに来ていたんだよ。サティやストラヴィンスキー、音楽家以外でもコクトーやアポリネール、ニジンスキー、きれいどころならココ・シャネルやミシア・セール、画家のローランサン。楽しくて良い時代だったね。庭でアペリティフでもどう？」彼は微笑む。

私は、生前のイベール先生を知らないけれども、作品を通じてなんとなくお人柄がわかる。

ましてやイベール先生の夫人であったマダム・ロゼッタ、長男のジャン・クロードとは、実際に会って、話して、アンブラッセをして、生身の温かさも知っていたわけだから、尚更懐かしいし、今は亡きこの母子に対して、哀惜の念に堪えない。

それにしても、この世の不思議。とくに、イベール家とはロゼッタ夫人をはじめ、どこかでつながっている気配を感じる。

ひもといていくと、コルトー先生が現れ、作曲家のデルヴァンクールが現れ、そして時代と場所は異なっても、私はジャン・クロードのためにデルヴァンクールが書いたピアノ曲を日本で初演したのだから――。

こういう不思議な巡り合わせがあるから、私は尚更、〈ベル・エポック〉が好きなのだ。

作家　遠藤《えんどう》　周作《しゅうさく》

―幻の使者

一九八六年春、私はフランス、アルデッシュ県で依頼された演奏会をするため、当時中学生になったばかりの娘同伴で渡仏した。

アルデッシュ県は、フランス第二の都市リヨンから南へＴＧＶ（フランス新幹線）で一時間ほど、ゆたかな平野を流れるローヌ河のほとり、南仏に近い片田舎の町である。

パリのリヨン駅から私たちはＴＧＶに乗り、その速さと車両内外の美しさに感嘆した。娘は読書が好きで、この旅行にも本を持参しており、この時には、遠藤周作の小説『青い小さな葡萄』の文庫版を読んでいた。列車が南仏に向かって走る。駅に停車すると、娘は読んでいた本から顔を上げて

TGVに持ち込んだ『青い小さな葡萄』文庫本表紙。（著者提供）

「ここ、どこ？」

「マコンよ」

「フーン」と、また続きを読みだす。TGVは止まるときもスーッと静かである。ガタンともしない。

「ここ、どこ？」

「リヨンやわ。プラットフォームにそう書いてある。サン・エチエンヌにも行けるらしい」

「不思議やわあー。さっきから、この本に出てくる地名と同じところで電車が止まるねん」

「どれ、見せて。ヴァランスも出てくるね。この駅で降りてお昼ご飯にしましょう」

その後、私たちは、アルデッシュのブール・セント・アンデオールにつくまで、この小説に出てくるのと同じ経路を楽しんだ。

遠藤周作。直接にはお会いしたこともないが、不思議なことに、この作家とは、これまで何かしら〈ご縁〉のようなものがある。

声楽家の古沢淑子女史と一緒に仕事をし始めた頃、〈ちょっと、ひと休み〉と、練習の合間にお茶を飲んだりしている時、彼女の幼い頃の話を聞くのが珍しく、楽しかった。

古沢女史の御父上は、日清製油の大連支店長として、妻（女史の母上である）満江さんと共に大陸へ赴任する。そこで三人の娘が生まれた。古沢さんが「私は大陸人なのよ」と仰っていた所以である。

「大連の家は完全な西洋館の邸宅で、家族五人に加えて、女中たち、ボーイ、コック、小ボーイ、庭師、運転手、そして彼らそれぞれの家族たちが邸内に住んでいたの」

「まるで、ハプスブルグ家みたいですね」

「そこで、私はいつも微熱を出す少女で、母は声楽でも勉強して体力をつけなければ、とよく言っていたの。大正十年頃、大連の文化的環境はなかなか高いレベルでね、コーラスやピアノのレッスンなども盛んだったわ。

忘れもしないわ。昭和三年、母は私を連れて、遠藤郁子《いくこ》先生のお宅へ行ったの。レッスンが終わるとね、遠藤先生の二人の息子さんと一緒におやつをいただいて、庭に出てボール遊びをやった。下の息子は、やんちゃでね。〈周チャン、周チャン〉って、よく遊んだけど、これが作家の遠藤周作氏よ」

古沢先生の、遠藤周作の話は、まだ続く。

「私がパリに住んでいた頃、一九五〇年頃かしら。周チャンがリヨン大学に留学していて、訪ねてきたことがあったのよ。パリはあまり知らないと言って、パリ・オートイユのアパートへ来た時も、オドオドしてた。その時、お母様の郁子先生のことも話題になったわ」と、懐かしそうに話しておられた。

私自身は、大学四回生、卒業前頃に、兵庫県西宮市の夙川カトリック教会に一時通っていた。小学生の頃から可愛がっていただいた、〈聖人〉とあだ名のある西村良次神父さんがここにいらして、私はこの方から公共要理を学び、渡仏前にこの教会で受洗したのである。その時、西村神父さんが
「忍サン、作家の遠藤周作さんも、この沿線の人でね。中学は灘中《なだちゅう》でしたよ。相当ガキ大将だったらしいが、お母様についてこの教会の御ミサに来ていたそうですよ」と話して

おられた。

現在、日本テレマン協会が、この教会の御御堂《おみどう》の地下を練習場にしているので、私はオーケストラと合わせる練習の際、この教会を訪れた時、本当に懐かしい思いがしたものである。

遠藤周作氏の作品は、私も好きで、若い頃から読んでいた。小説はもとより、彼のエッセイ集も好きで、〈狐狸庵《こりあん》シリーズ〉のファンでもあった。私たちの世代が留学という行動に出る前から、終戦後すぐに彼はフランスに留学している。彼のルーアン時代のエッセイを読んで、〈留学生活って、こんなものかー。でも、なんだか大変そうだなあー〉と、彼の文章から、ヨーロッパでの生活を垣間見ることができて、参考になったこともあった。

留学を終えて帰国のとき、行きと同じく海路だったが、この時私が乗ったフランス客船〈ヴェトナム号〉は、遠藤周作の小説に登場する。しかし、そのことを知ったのはずいぶん後で、その時は、当時にしては豪華な客船で快適な船旅を一か月間楽しんだという記憶しかない。

ヴェトナム号一等デッキで船長とおしゃべり。1959 年。(著者提供)

〈ヴェトナム号〉と遠藤周作の関わりを知ったのは、娘が大学生になってから、これも一つの〈ご縁〉によってであった。

娘は大学学部時代、英文学専攻だったが、当時学外の大学から出講してこられた、笠井《かさい》秋生《あきふ》さんという日本文学研究者の授業も受講していたことがきっかけで、この先生に大変可愛がっていただいた。この方は日本のキリスト教文学、特に遠藤周作の文学に詳しく、著書にも遠藤周作研究のものが多い。娘が大学卒業の頃には、母も私も、家中、家族ぐるみのお付き合いをさせていただいていた。

『おバカさん』文庫本表紙。（著者提供）

あるとき、彼は拙宅へ遊びにみえられた折り、母が作った関東煮《かんとだき》を肴に日本酒をかなり召し上がり、その際、遠藤周作について話がはずんだ。

「私が帰国する時、ヴェトナム号にのって帰ってきたんですよ」と申し上げたら、

「アッ、『おバカさん』のガストン君ね！あの白い一万五千トンの船に乗って日本に来るんですよ、彼は」と仰り、主人公ガストン・ボナパルトの、馬鹿げた、しかしどこか哀愁漂うエピソードの数々をスラスラと話され始めた。さすがに遠藤周作文学の研究者。物語の隅から隅まで覚えていらした。

「しかし、あのヴェトナム号に、あなたも乗ってたって、スゴイなあー」と感嘆することしきり。船の内部や同乗していた船客などについて、あれこれを尋ねられて、話は大いに盛り上がった。

ここでも、遠藤周作氏は登場したのである。

遠藤周作氏が亡くなってから

「ご本人には会ったことも、話したこともないけれど、生前会う機会があったらなあー」と、私の生活の中に、ちょくちょく現れた、この大文豪に思いを馳せた。

後年、私は友達の女性ジャーナリストに、

「一度、生前の遠藤周作さんに会ってみたかったわ」と言ったら、

「あら、そうなの？ああいう男があなたの好みなの？何度かインタビューで会ったけれど、私からみれば、大した男じゃなかったワヨ。でも、あなたが興味あったのなら紹介してあげればよかったわネ」

「でも、これまで私の生活の中でちらほらと見え隠れして、なんだか一杯宝物を残してくれた気がするのよ・・・」

「フーン、そんなことってあるのかしら？会ったこともない男から宝物をもらうって、あなたも幸せな人ね」

「そんなんじゃないわ」と説明しても、わかってもらえそうにもなかったので、黙っていた。

でも、留学の時や、高名な声楽家との出会い、遠藤文学を研究している学者に娘までが目をかけてもらえるなんて、不思議なことだ。


遠藤周作の著作には、印象的な文章がいくつかあるが、中でも有名なものに、『死海のほとり』で、イエスがピラトに言う言葉がある。

「あなたは忘れないでしょう。わたしが一度、その人生を横切ったならば、その人はわたしを忘れないでしょう（中略）わたしが、その人をいつまでも愛するからです」

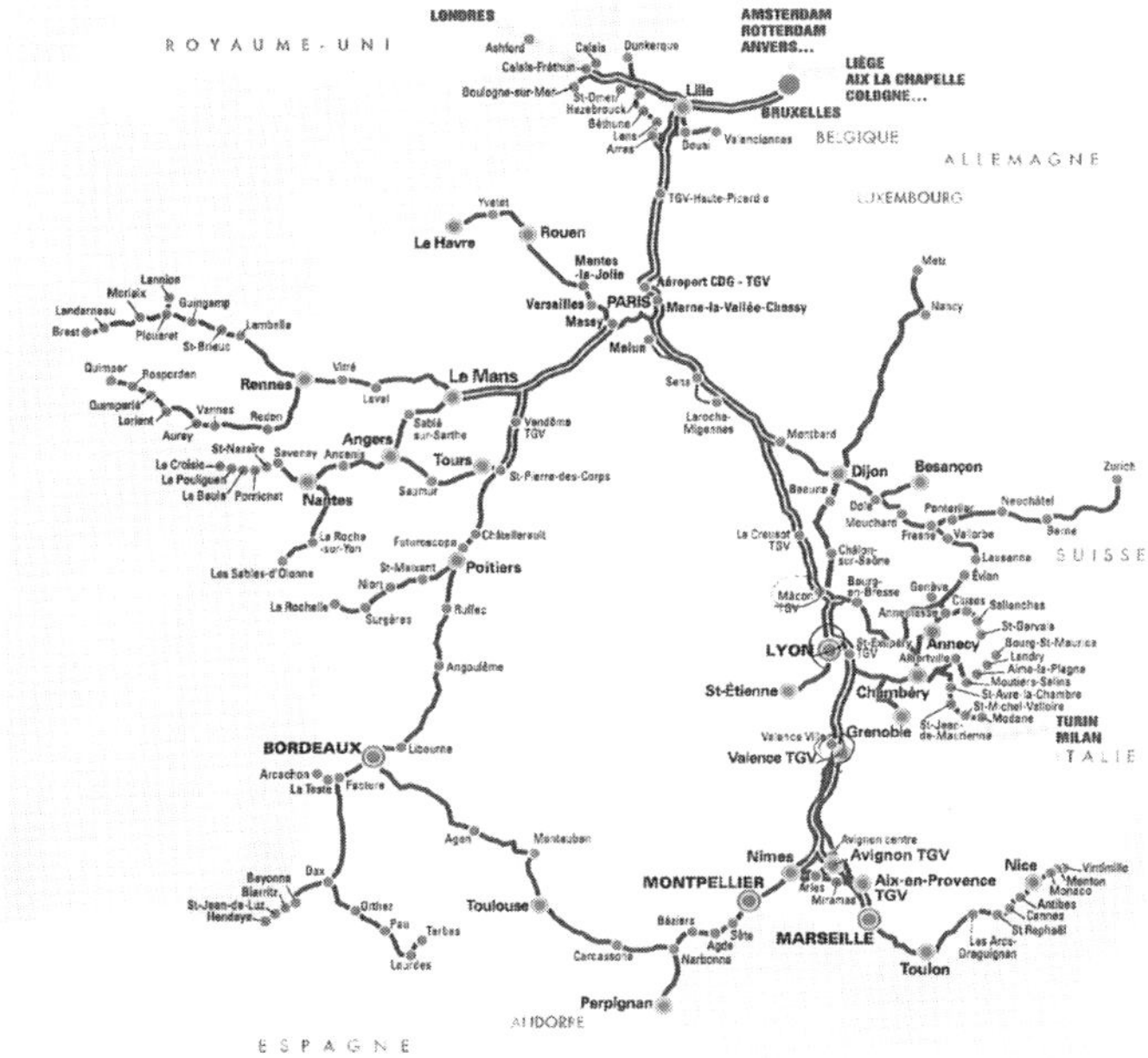

パリから南仏までのTGV路線図（著者提供）

また、小説『私が・棄てた・女』の中には、こんな言葉もある。

「人間は他人の人生に痕跡を残さずに交わることはできない」

「しかしこの人生で我々人間に偶然でないどんな結びつきがあるのだろう。人生はもっと偶然というやつが働いている」

このような文章を読んでいると、彼が、時空を超えて、折にふれ私の前に現れた〈幻の使者〉のような気がしてきてならない。

いや、あるいは、そんな深遠な雰囲気とは違っていて、エッセイなどによると、彼はお茶目な人で、友達たちをからかっては喜んでいたらしいから、私にもちょっとチョッカイを出してほくそえんでいたのかもしれない。そう考えると、嬉しいような、光栄なような、面はゆい気持ちになる。

著者あとがき

二〇〇八年に『宝物をくれた人たち』を出版して、五年くらい経ったとき、このシリーズの続きを書きたい心境になりました。

というのは、〈どうしよう。もうアカン！〉という事態になったとき、或いは喜びに満ち溢れたとき、誰かが宝物をもって現れてくれるからなのです。

今回の出版も、これまで何度か、クラシック音楽専門誌の『音楽現代』からエッセイを書く仕事をいただき、嬉しがりの私は喜んで書かせてもらっていたのが縁で、『音楽現代』を出している芸術現代社社長の大坪《おおつぼ》　盛《しげる》氏が「僕のところで出しましょう」と言って下さったのがきっかけです。

娘の良が、企画のアドバイスや原稿の整理など、もともと何かを創り出すことが好きなタチなので手伝ってくれて、〈あれよあれよ〉という間に出来上がった次第です。

そして、デビュー以来半世紀、陰になり日向になり、いつも助けてくれるサンケイの北村公宏氏。現在八十歳の私が、なんとかやっていけるのは、このように、私の周囲にいる誰かが常に、何らかの方法で宝物をくれるからです。

宝物がいっぱい詰まったこのエッセイ集、読んで下されば「なるほど、忍さんって、方々から宝物をもらう、しあわせもんやな」と思って下さることでしょう。

いみじくも、友人の女性ジャーナリストが言いました。「知らない人からも宝物をもらうなんて、あなたって幸せ者ね」と。

芸術現代社の大坪　盛社長、北村公宏氏、制作をしていただいたソレイユ音楽事務所の小野　誠氏、その他多数の方々に労を執っていただき、深く感謝し、心からの御礼を申し上げます。そして、写真整理、手書き原稿のパソコン入力など、黒子になって働いてくれた娘の良にメルシー・ボクー。

二〇一四年六月十四日

大阪にて　山田　忍

追記

本書のために書下ろしをしながら、同人誌『千里眼』のためにも原稿を書いていました。するとたまたま、その最新号に掲載された拙稿『家政婦を見た！』を読まれた方が、
「これはぜひ、〈番外編〉として、『宝物をくれた人たち Vol.2』にも入れるべきですよ」
と強い一言。
それを聞いて、最初は
「なぜ？このハナシは、かりそめにも〈宝物〉をもらった、というような内容ではないのに」
と訝しんだのですが、その人が言うには
「これもまた、あなたがこれまであまり接点がなかった〈家政婦さん〉という職業の方たちから、今回精神的にも物質的にも経済的にも（？）多くの〈宝物〉をもらったという

話ですよ。〈宝物〉は、いつもいつも、感動的なことや心身を鼓舞されることとは限りません」

なるほど。そう言われてみて、私自身

「こういう経験をさせてもらったこと自体が一つの〈宝物〉をもらったことになるのだな」

と、大発見。〈番外編〉として是非掲載しなさいとご意見下さった方に感謝する次第です。

著者

番外編　家政婦を見た！

―体験・当世家政婦事情あれこれ

我が家は、ＪＲ西日本・阪和線の「鶴ケ丘」駅前にある。一階は二五〇人を収容可能な演奏会場と、複数の教室からなる音楽学校。二階は私の住まいで、三・四階は賃貸マンションにしている。もともとは戦後間もなく父が買った家と土地で、当時は敷地の半分以上を広大な庭が占めていた。その後、私がフランスから帰国してその一角に音楽学校を建て、さらに今から二十五年前には、敷地一杯に学校・住まい一体型で、建物全体を建て替えた。

この建て替えの時、当時の大林組会長、大林芳郎氏が面倒をみて下さり、さすが「天下の大林組」、丈夫かつ機能的な建築物である。現在は、御子息の大林剛郎氏が何かと気にかけて下さる。

ところで、この二階の住まい部分（二百二十平米）だが、週二回、朝五時から二時間かけて掃除をする。手順よくやらないと、時間内に終わらない。午前九時頃からピアノの練習をするのだが、それまでに掃除を終わらせておきたい。昼間は授業や来客の応対、スーパーへの買い出しなど日々の雑用があり、月に一度は墓参りにも行かねばならない。バタバタと忙しい中、それでも掃除はきちんとしておきたい。これを二十五年間続けてやってきたところへ、昨年十一月中旬、脳梗塞でダウン。恐怖の入院生活を一カ月、そして十二月中旬に帰宅。

娘は四年半前に結婚して、芦屋に住む。つれあいも大学で教えていて、二人共、仕事先に通うには芦屋が一番便利なのである。週に二回ほど、娘がこちらへ様子を見に来てくれ、パソコンを使う用事や、買い物、料理などをやってくれるが、掃除は私が一人で続けていた。

彼女は、退院後のことを心配して、

「ママン一人では、今までのようには掃除などができないでしょう」と、入院中から家政婦派遣所に相談、いわゆる〈お手伝いさん〉を派遣してもらう算段をたてていた。食事の準備や後片付けはやらなくて結構、週に二、三回、掃除と電話番のみ、という仕事内容である。さあ、この条件で、二〇一二年十二月中旬から、二〇一三年九月まで、計八名が入れ替わり立ち替わり我が家へやって来たが—全てアウト！

一応、「プロの家政婦」という推薦で、自身「私はプロです」と言う人もいたが、そのお粗末なこと！

まず、「よく気がつくなあ」と思っていた人でも、よく見ると作業が手荒い。壁に掛けてある時計を、掃除をしていて落として壊す。やたらに塩素系漂白剤を洗剤として使用、至るところに白いシミを作る。それも、いつも独断行為である。

「先生！あそこも、ここも、やっときましたで！」明るい声に手際が良いな、よく気がつくな、と感心しても、後で点検すると、取り返しのつかない失敗の連続である。しかも、

この人は、仕事中に、御自分の来し方、身の上話を滔々と語り始める。初恋、駆け落ち、夫の浮気、離婚、息子とその嫁のこと、と、とめどなく喋り続けるその間、作業の手は止まってしまう。掃除機も雑巾も、その間は放《ほ》ったらかし。こちらは用事もあるので、そんな話は聞きたくもないが、何しろ大声で喋るものだから、

「フーン、大変やったんやね」と、時折は相槌の一つも打たねばならぬ。家政婦派遣所から、「うちのエースです」と推薦されてやってきたこの人は、御本人も「自分は家政婦のプロ」と自負していた。

この人が、拙宅へ来るようになって半年になろうとする時、突如キレた。すごい形相で、割れんばかりの大声で、まくしたてる。

「私は、脳梗塞の後遺症がある人が、一人暮らしをして大変やからと聞いて来ました。私はちゃんと介護ヘルパーの資格も持ってますねん！そやのに、ここの先生ときたら、階段の昇り降りはスイスイ、料理もしはるし、ピアノも弾きはるし、生徒にも教えてはるし、これやったら、ヘルパーの仕事なんか、あれしませんがな！（=ないではないか、という大阪の言葉である）掃除する時は椅子やら動かして掃除せえ、洗濯物は物干し場以外は干すな（注：拙宅の上階が直接マンションになっているため、共通のルールとして、

物干し場以外には洗濯物を干すべからず、ということになっている。しかし、彼女は「よく乾くから」という理由でバルコニーの欄干等に布団や洗濯物を掛け回し、上階からクレームが出ることがしばしばあったのである)、やかましいことばっかり言われて、もうやってられません！」

正直なところ、私も娘も、彼女が「やめる」とタンカをきったので、内心ホッとした。「ヤレヤレ」と思ったのである。彼女のようなタイプは、家事や介護を全面的に任せ、彼女のやり方に何の文句もつけないような依頼人の家であれば、恙無くいくのかもしれないが、何事も独断、自己中心で作業を進められては、たまったものではない。

その後も、家政婦派遣所は続々と家政婦を送りこんできてはくれたが、まともな人材はいなかった。

たとえば、このような人がいた。勤務日当日、作業開始まで半時間を切った時刻に電話が入り、「今日は行けません」と言う。やれ、熱が出た、自転車で衝突事故を起こした、ギックリ腰になった、とドタキャンの連続。それでいて、「午後からだったら行けるかも」とか、「今週は曜日を変えれば行ける」などと、ムシの良いことを言う。

あるいは、屋内階段で、壁を手で擦りながら昇り降りするので、

「あなた、階段の昇り降りに何かトラウマがあるの？」と尋ねたら

「トラウマって？」

「だから、小さい時に階段から落ちたとかー」

「あ、それやったら、小学生の時に階段から落ちてから、怖いんです」

「なるほどね。でもね、昇り降りの度に壁を手で擦ると、手垢がついて壁紙が汚れるから、気をつけて。これだけの面積の壁紙の貼り換えは、高くつくからね、注意してくださいね！」

「はあい」

さらに、こういう人も。

「今日は三和土《たたき》を水拭きして下さいね」

「タタキって？」

「玄関の土間のことです。あ、和室の欄間のホコリも取っておいて下さい。それから、鴨居にハンガーは掛けないでね」

「ランマって？カモイって？何のことですか？」

何のことか、と尋ねられる度に、現場に連れて行って、「家政婦のプロ」に説明しなければならない（ちなみに、これは六十歳代の人であった）。あなたは日本人ではないのか、そんなことも知らないのか、アホか！と、内心あきれ、イライラが煮えたぎるのである。


その他、いろいろ。玄関に入るなり、仕事もしないうちから、挨拶もそこそこに「ハイ」と請求書を渡し、給料は先に欲しいという人。何事もスローな人（玄関のドアの鍵を開けるのに十五分以上かかっていた）。まあ、自他共に「エース」と呼ばれた人があの調子であったから、仕方がないか。それにしても、おしなべて、プロ意識と責任感、常識が欠如している。

苛立ち、怒っていたのは私ばかりではない。「エース」が怒って飛び出した後、次々と

入れ替わる家政婦に、その都度作業内容をイチから指示し、教えたのは娘であった。当初、家政婦派遣所は、

「それぞれのお家でお掃除の手順や、触ってはいけないところなどが違いますので、最初は一つ一つ指示してください」と言った。なるほど、それももっともである、と思ったが、いざ家政婦が来てみると、「エース」の人以外、ほとんどの場合において、庭木への水の撒き方から、アイロンのかけ方まで教えねばならない状況であるということがわかり、娘は仰天した。実際、「私、水撒きしたことがないんです」と言って、ホースの先を指で強く押して遠くへ水を飛ばすことも知らなかったり、アイロンは普段もかけたことがないと言うので、ハンカチから練習してもらったところ、対角線上にアイロンを動かして、正方形のハンカチを見事に手裏剣形にしてしまったり、などということが珍しくなかったのである。

自身の仕事もある娘は、「これ以上、家政婦さんの仕事のインストラクターばかりはやっていられない」として、「これだけ把握しておけば大丈夫」というマニュアルを作成した。家政婦が換わっても、このマニュアルの通りに動いてもらえばよい、というわけである。玄関の開錠方法から始まり、各作業の手順と注意点を詳しく箇条書きにし、退出

時に確認する施錠や作業完了のチェック表まで付けて、A４用紙１０枚程度のそのマニュアルは、しかし、最後まで活用されることはほとんどなかった。家政婦は誰ひとりとして、このマニュアルを読まなかったからである。訝《いぶか》しんだ娘は、家政婦派遣所に尋ねた。返答は

「家政婦さんで、書面を読んで仕事を覚える人はほとんどいません。毎回、現場で実地に体を動かして、手順や注意点を覚える人が多いと思います。特に、毎日勤務している人でなく、週1回、というような人は、毎回が初めてといっても過言ではない状態です。失敗なく、満足に仕事ができるようになるまで、最低一カ月は、雇う側も辛抱していただきませんと・・・」

もう、限界だった。この時点で、八人の家政婦が拙宅の門をくぐっては去っていた。私たちは、古くから家族ぐるみのお付き合いをしている、ホーム・ドクターのクリニックの奥さんに相談してみた。

「そうやろ。どれもこれもアカンの。うちかて、これまで何人換えたと思う？イヤになるよ！」

「そんなら、今はどうしてはるのん？」

「専門の清掃会社ダ○キ○に頼んである。スタッフもしっかりしてるし、掃除道具や必要なものは全部向こうが持ってきてくれるの。テキパキしてて、ええよ。うちへ来てくれてる営業所の担当者に連絡しといたげるさかい、そこに頼んだらどう？」

彼女は竹を割ったような、さっぱりとした人で、何事もすることが速い。早速、連絡を受けた清掃会社のスタッフが見積りにやって来た。私は
「手荒く扱ってモノを壊したり、無駄話をしたり、当日になってドタキャンしたり、はないですね？」と念を押した。

「それは、絶対大丈夫です」という返事だったが、どうなることかー。現在までは、問題はない。無駄話をしないで、黙々と、決められた時間内いっぱい働く。プロとして鍛えられた仕事ぶりはさすがである。無論、掃除の仕方を教えたりする必要もない。清掃スタッフが仕事をしている時、彼らは彼らの仕事に集中していて、こちらは話し相手をする必要もなく、自分の仕事に専念できることは、ありがたい。

私も人生八十年、今まで色々な人と接してきたが、おかしな自信を持つ自己顕示欲の強い人、知ったかぶりばかりして常識のない人、自分の仕事にプロ意識を持たない人、

独断的な人、というのは全てお断り、願い下げである。今回の一連の家政婦の件で、そのことを改めて実感したのであった。

使い物にならないものは、即刻切って捨て去る、というのは、私の海外生活の経験から来るものかもしれない。私自身、フランス留学時代、フランス語を早くマスターするために、フランスの家庭、フランス人のモノの考え方を理解する早道として、パリで「お手伝いさん」をした経験がある。

フランスの主婦、マダム連中の割り切ったものの考え方、いいものと悪いものをすばやく見分ける才能、知識と教養の深さ、これらを間近に見て接して、少しでも彼女たちに近づきたいものだと思ったものである。

かの「エース」さんは、かつて、知ったかぶりをして、廊下の壁に掛っているピカソのリトグラフを

「これ、ピソカですね。やっぱりすごいわあー」と言ってみたり、

「食器棚にあるガラス類は高価な品物だから、勝手に触らないでね」と言うと、翌日

「バラカ(バカラのことであろう)のコップは、触るのコワイですわ」と澄ました表情でのたまう。こうなるとまさに吉本新喜劇もかくや！、というところで、こちらも少なからず「楽しませて」もらったこともある。

市原悦子扮する主人公が登場する人気ドラマ『家政婦は見た！』では、家政婦たちはおおむね、野次馬根性旺盛で、かなり厚かましく、でしゃばりで、「我ほどエライものはない」と思わないとおさまらないようなイメージを持って描かれている。それでいて、どこか抜けたところがあり、不祥事をやらかしても、我が身は痛まず、誰もが見て見ぬふりをしてくれる、というイヤラシイ甘えも見え隠れする。もっとも、このようなステレオタイプは、世界中普遍的なものなのかもしれず、特にイタリアなどでは、プライヴァシーそっちのけで、「雇う身」「雇われる身」の区別がつかないような場面もあるらしい。イタリア人特有の陽気さ加減もあるだろうが、かつてローマで暮らす友人が嘆いていた。

その点、フランスやイギリスには、かつて（そして今でも一部の家庭では）、なんでも家のことを任せられる執事が居て、信頼関係の上に成り立つ重要な仕事を淡々かつ着実にこなしていた。カズオ・イシグロの小説を映画化した『日の名残り』の中で、アンソニー・ホプキンスが演じた、激動の時代を眉ひとつ動かさずに執事の仕事を勤め上げるスティーヴンスや、エマ・トンプソン扮する、てきぱきとした仕事ぶりと上品な佇まいが印象的なメイドのトップ、ベン夫人（ミス・ケントン）の姿を思い出す。そして、今のところは、ダ◯キ◯の隔週掃除サービスに落ち着いたことで、とにかく良しとしよう、と自分に言い聞かせているのである。

初出一覧と書下ろし

山田　忍『宝物をくれた人たち―VOL.2』（第8・ピアノのあいまに）

・関西ピアノ専門音楽学校機関誌№.41～46に連載の分

41号　《宝物をくれた人たち》北村忠治
42号　《宝物をくれた人たち》金澤敬之介
43号　《宝物をくれた人たち》園田孝夫
43号　《宝物をくれた人たち》小林公平
45号　《宝物をくれた人たち》田島政雄
46号　《宝物をくれた人たち》木村保男
46号　《宝物をくれた人たち》角地正純

・月刊『音楽現代』（芸術現代社）　掲載の分

平成22年3月号　響灘によみがえるコルトー（孤留島）

平成２４年８月号　コルトー先生へ―半世紀ぶりの手紙
平成２４年１１月号　思い出の中に甦る私のドビュッシー
平成２５年６月号　プーランクのこと―思い出すままに
・人生を楽しむ「レッテルのないひとりの音楽家」

・同人誌『千里眼』掲載分
２００８年度　No.１０３
「京都での出会い」（ド・ヴィルパン）
２０１４年度　No.１２５
番外編「家政婦を見た！―当世家政婦事情あれこれ」

・他は書下ろし

著者紹介

山田　忍（やまだ　しのぶ）

1957年神戸女学院大学音楽学部ピアノ科卒業後、フランス エコール・ノルマル・ド・ミュージック・ド・パリ ピアノ科卒業。故アルフレッド・コルトー氏に師事。1959年より現在まで、ヨーロッパ、カナダ、アメリカ、中近東、アジア各地へ24回にわたり演奏旅行。各地で演奏の他に公開レッスン、演奏法講義などを行う。1968年4月、関西ピアノ専門音楽学校設立、以後、校長として後継者の育成にあたる。1976年、1977年、1985年にフランス政府より「学術文化勲章」「学術騎士十字勲章」「国家功労章」を受章。著書に『ピアノのあいまに』など7冊がある。1984年から1988年まで大阪府教育委員会教育委員。現在は大阪ユネスコ協会副会長、「日仏音楽協会＝関西」理事長を務め、また、日本ペンクラブの会員でもある。1991年CD『山田忍フランス音楽ーベル・エポックの世界』発売。1993年5月大阪府知事表彰受賞。1995年7月文部大臣表彰受賞。1997年4月「音楽生活40周年記念リサイタル」開催。1999年10月「フランシス・プーランク生誕100年記念コンサート」にてピアノ協奏曲をオーケストラと共演。2002年4月、「音楽生活45周年リサイタル」（サンケイホール）開催。2007年3月、「音楽生活50周年記念リサイタル」（ザ・フェニックスホール）開催。2008年7月、「関西ピアノ専門音楽学校創立40周年記念演奏会」出演。2009年、サンケイホールブリーゼにて、セシル・シャミナードの「コンチェルシュトック」をテレマン室内オーケストラと共に日本初演。2010年7月、関西ピアノ専門音楽学校主催「2台のピアノによるフランス音楽の夕べ」（ザ・フェニックスホール）出演。2012年6月には、サンケイホールブリーゼにて「山田忍音楽生活55周年記念演奏会」を開催し大きな反響を呼んだのは記憶に新しい。2013年8月CD「ピアノ協奏曲に漂うフランス・ベル・エポックの世界」発売。

宝物をくれた人たち Vol.2
―― 第8・ピアノのあいまに

二〇一四年七月十日　初刷発行

著　者　山田　忍

発行者　大坪　盛
発行所　株式会社芸術現代社
〒一一一―〇〇五四　東京都台東区鳥越二―十一―十一　TOMYビル三階
電話〇三―三八六一―二一五九　FAX〇三―三八六一―二一五七
制　作　株式会社　ソレイユ音楽事務所
印刷・製本　モリモト印刷株式会社
定　価一、八〇〇円（税別）
ISBN 978-4-87463-200-0